随想記

佐々國雄日記

森田　裕　編著

文芸社

これは随想の記と書きたれど随想ともつかず日記ともつかぬものである。寧《むし》ろ日記に近きものとなるべし。積り積りて数冊の書といたしたきものなり。

一九二〇、五。二八。正午記す。

これによって筆をとる事になれ他日創作感想論文をかくに億劫にならぬためにもしたい

まえがき

【本書作成にいたる経緯】

今回書籍にする日記は、私の従弟、國津恭氏が亡母の遺品を整理して発見したもので、私はその処分を依頼された。

それは劣化して赤茶けており、綴じ糸もほつれていて、数年後には消滅するものと思われた。心の赴くまま癖の強い文字がペンあるいは毛筆で書かれており、解読に難渋したが、青春の悩みと情熱が赤裸々に描かれて、大正時代の東京、鎌倉、熊本などの風俗が興味深く書かれていた。

筆者は佐々國雄である。私の祖父である。

彼によるまえがき（三頁）には「積り積りて数冊の書といたしたきものなり」とあり、これを祖父の遺言と解釈し、全文を解読して書籍にすることを思い立った。

【編集方針】

本書の原本は日記のため、著者の心の赴くまま奔放に書かれており、その雰囲気を残すべく、旧仮名遣い、旧漢字などをそのまま記した。

一、旧仮名遣い

一部間違いもあるが、そのままの表記にした。

例：「云ふ（言う）」「あろふ〈正しくは「あらう」〉（あろう）」

二、旧漢字

後に常用漢字となる略字と旧漢字が併用されているが、本書ではあえて統一しなかった。

例：「學」と「学」、「讀」と「読」

現在、ほとんど使用されない、あるいは難読の漢字には振り仮名を振った。

例：「稍《やや》」「拮据《きっきょ》」

三、振り仮名

現在、漢字では表記しない語や当て字も原文通りに表記し、振り仮名を振った。

例：盆槍《ぼんやり》、兎《と》に角《かく》、相《そう》だ

四、判読不能

まったく読めない文字は「■」とした。

五、誤字・脱字

編著者が推定した文字は〈 〉で記した。また、不詳なところは（ママ）と傍書した。

六、コンプライアンス

女性蔑視、地域差別、職業差別、障害者差別ととれる表現があるが、百年以上昔の時代背景をそのまま映しているのでご容赦いただきたい。

【佐々國雄のプロフィール】

日記の筆者の佐々國雄は明治二十八年（一八九五）に熊本県選出の衆議院議員である佐々友房を父として靜子を母として生まれた。

佐々家は戦国武将佐々成政を祖として、代々熊本藩主の加藤家・細川家に仕えてきた。

父親の佐々友房（安政元年〈一八五四〉生まれ）は、明治政府の方針に反対して立ち上がった西郷隆盛らに同調し政府に反旗を翻したが、奮戦むなしく捕えられ懲役刑に服した。その後、釈放され、濟々黌《せいせいこう》（現、熊本県立済々黌高等学校）の設立に加わった。また、九州日日新聞（現、熊本日日新聞）社の設立に加わり、社長を務めた。帝国議会第一回衆議院議員選挙で熊本県から選出され以降、明治三十九年（一九〇六）に死去するまで連続九回当選し、明治時代の政治に大きく関わった。

國雄はこの日記執筆の当時、東京帝国大学英文科の学生で、中学時代の病気で進学が遅れ、同じ大学の法科で学ぶ二歳下の弟、弘雄と同学年であった。

彼は熊本の名家に生まれ周囲からの期待が大きく、自分もそうあらねばと思い悩んでいるのが日記からもわかる。

日記は大正十年（一九二一）一月までだが、以後、どうなったかは「その後」に記した。日記にもある明治中学校（現、明治大学付属中野中学・高等学校）をはじめとし各地の中学校や女学校の教師をつとめ、熊本県立図書館長、東洋語学専門学校（現、熊本学園大学）教授を歴任し、昭和二十四年（一九四九）に死去した。

佐々國雄日記

五月二十八日。六時半起床―八時就床。

限《か》きられた紙面に日記をかくのがいやになったので今日からここにかきつける事にした。暁近くなってから今日も複雑な夢を見る　三井甲之《こうし》[1]氏が出てくる　亡姉が出てくる　そしていつも夢の中の自分は汚れたものだ　卑屈だ　見栄坊だ　性欲の塊りだ　利己的だ　いやになって仕舞ふ。六時半にめざめる。一番俺が遅いのだ　重雄[2]も亀雄[3]氏も朗らかな気持で孜々《しし》として机に向って居る　俺も全身を打ちこんで勉強したいと思ふ　それが出来ないのだ　淋しいのだ　それで誰れに対してでも一番俺が怠惰の様で恥しい　女中に対しても路上の労働者に対しても彼等の汗に対しては全く神聖の感に打たれるのだ。そんな事に打ちくだかれるとは自信力のないにも程があると長谷川も弘雄[4]も笑って居る様な気がする然し俺は今の俺の生活に少しの自信もなければいいとも思へないのだ　早く道を見出したい　神の聖戦に参加したい　それ迄の生活はどうすればいいのだ　女や酒が一時的の淋しみをまぎらしてくれてもすぐその後の何んと云ふ打ちくだかれた俺を見出す事だ　実になさけない自分だと思ふ。淋しくともくるしくとも眞直に行くのだ　内的に如何なる道を辿るべきであるか一寸先も眞闇だ　眞闇だ眞闇だといいながら何んと云う無神経だと思ふ時もある　矢張り少しぐらいの暗愁ぐらいで生活し得て居るではないか　俺の不眞面目不徹底も驚き入る。ともあれ内面生活は分からねども外面的には向ふ一年間の生活は分かって

居る　學校生活を中心とするのだ　卒業論文と仏蘭西語の勉強を生活の中心とするのだ。

1）一八八三―一九五三、歌人、国家主義者。
2）実弟、一九〇一―一九七〇、後に従軍画家
3）従弟、一九〇一―一九八七、後に教育者、熊本工大（現、崇城大学）教授
4）実弟、一八九七―一九四八、後に九州帝大教授、朝日新聞論説主幹、参議院議員、熊本日日新聞社長を歴任

余の外的事件には拘束されまい。他人の運命を心底から憂ひ愛し得ない自分は成丈《なるだけ》他人との接渉を断ちたい　それが自分に忠実であるとともに他人にも忠実であり弱いつとめ気に弱けない事であるからである。今迄の様に淋しさをつまらぬ文藝物や活動や酒や、友人との雑談や旅行や運動やでまぎらすのはやめて永遠的のものにがかる様に永久的のものをつかむ様につとめたい。それには淋しい時には聖書や宗教書宗教家の傳記思想家偉大なる藝術の傳記を讀みたい　それ等の人々の生活態度を學なぶにとどまらずそれ等の人々の内的生命に迄《まで》はせ参じたいと思ふ。見栄を以て野心を以て讀まずに心から自分を幸福にさす覚悟でよんで行《い》ふ。そして生活を輝かし醇化して行きたい　性欲や淋しみに打ちまけて一時的の気まぐれから結婚はしまい　この人はと思へるまで以上の如き生活をしたい　少くとも来年卒業する迄は。それからはその生活は考へなくてもいい　その時はその時に思想が

開展しいい実も出てくるだろふ。
（注）活動写真、映画、動画
猛烈なpassionの嵐にさいなまれた時到底宗教書や散歩や祈りや勉強では抑圧できない性欲の嵐が襲ってきた時は。好い音楽感情的音曲をきさて抑圧しよふ。従って僕のこれからの生活は。學校に関しての研究（殊に卒業論文）宗教書。高級の文學書。音樂。散文。旅（これはごく稀に）。崇高なる演劇活動。愛を感ずる時又は強き欲求ありたる時のみの他人との交渉。運動（精神に影響せざる程度）の範囲にとどまるであろふ。良心的に他の生活を欲するにいたる迄この生活を継續さしていきたいと思ふ。

兎《と》に角《かく》見栄を去りたまへ。自分をよく知れ　盲目の他人崇拝盲目の自己否定はさけたまへ、野心を去れ　物的事象に迷蒙するな。これからだ　これからだ　少しは生き甲斐のある人生の栄光に接したい　神の栄光に接したい　早く自己の狭い範囲からのがれて本当に他人の運命を気使ふ人となりたい。実際感覚的満足は一時的のものでそれを満たした後の淋しみ後悔の切なるを痛感するのである。然しともするとその念も忘れがちであるからいけないのだ。

今は丁度一九二〇年五月二十八日の正午だ　この刻をして自分の本当の誕生あらしめたい　内からの勉強欲求から自然的にそれを求めるのでないかもしれぬが相《そう》あらしめたい　相な

くては俺の生活は眞闇の上塗りになって仕舞ふからである。
[5]母上腹痛臥床　一昨日の僕の帰宅の遅かったそして酒を飲んで帰って来た事が原因の一つになって居るのであろふと思ふと心苦しい　眞から愛し切れぬ間は少なくとも他人から心配をかけれない様にはつとめたい。[注]井田教雄君来る　顔を合わせる気持ちになれぬ　書斎にとぢ籠って顔を合はぬ　俺は同氏の呑気と怠惰に優越を感ずると共に憎悪をも感ずる　然し早く早くそんな少さ人小さな事に気をひかれたくない　勿論同氏にも偉大なる宗教家があった様に無限の愛を感ずる様にありたいがそれは今の自分には遠い遠い事の様だ　それよりも今は早く無関心であれと祈る　これが手近な且つ実情ある心の祈りだ　願求だ。

5）実母静子（旧姓：國友）。一八六九—一九四八。衆議院議員佐々友房の妻
（注）東京帝大の同級生であろうが、以後の経歴は不明

一昨日の後の今日だ　未だつかれて居る　斉藤氏の論文に取りかかったが手につかぬ　[6]山本飼山、[7]内村鑑三の日記を拾《ひろい》読《よ》みする　それは午前中の事で十二時からの自分は生まれ変わった人間にならなくてはならぬのだ。今は正午これから学校に行こうとして居る所だ。朝からの霧に蓋はれていた天候も晴れて来た　硝子窓越に仰ぎ見ると夏の烈日がきらつき始めた　電車道を荷車の通る音がカタカタと聞へる　折々電車の走る爆音。静寂の気　戦闘の都。学校に行って授業をうけて帰途須藤にあう　夜は斉藤氏の論文に取りかかり今日

の一日を送りたいと思ふ、Moodの変わる自分はかくこれからの事を日記にかいた　どうなるか分からぬと思ふ　然しこれからの自分は常に死を目前に見ながら生活したいと思ふ　自分その時々の第一義的に見へる事に従事したいと思ふ　必ず今日の豫定はやり通したいと思ふ　第一義の生活は俺が偉くなるに従ってその内容をことにするであろふ。今日の第一義の生活は偉大の人から見れば價値低いものと見へるであろふ　然しそれは仕方がない性格的の事　運命的の事であるから是非もない事であると思ふ。(十二時記す)

6）山本飼山《しざん》：一八九〇―一九一三。無教会派キリスト教の影響を受ける。大正二年十一月五日自殺。没後に「飼山遺稿」があまれた。本名は一蔵

7）内村鑑三《かんぞう》一八六一―一九三〇。宗教家、思想家。札幌農学校在学中、洗礼をうける。明治三十三年「聖書之研究」を創刊。聖書研究会を開き、無教会主義を唱えた。足尾銅山鉱毒反対運動に関わり、日露戦争には非戦論を主張。

ポールケラス[8]仏陀の福音を見る。その第四十六章に自分を導くものあり　これを左に記せん。「十悪を避くる方」也。

8）Paul Carus：一八五二―一九一九、アメリカのドイツ系哲学者。シカゴ大学教授

第三　不浄を戒めよ。純潔の生涯を送れ。

第四、いつはるなかれ　眞実なれ。愼んで恐れず愛の心を以て眞理を語れ。

第五、端正に威嚴を以て語れ。
第七、雑談をして時間を浪費するなかれ　目的について語れ。さもなければ沈黙を守れ。
第八、嫉むなかれ　他人の仕合せを喜べ
第九、悪意を去り憎悪を抱くなかれ
第十、無知を脱し眞理を知らうと慮《おもんぱか》れ　懐母疑想に餌食を落とさぬやうにする為め特になしてはならぬ事に就いて慮れ。懐疑説は爾等《なんじら》を冷淡にし理想は爾等《なんじら》を邪蹊に導く　そのために爾等は永生に至る高貴な道を得られぬであろふ。

これは仏陀の十の悪をさける戒の中　自分に響くもののみをあげて見たのである　今日は疲れて居る　頭が朦朧として居る　斉藤氏の論文にも手がつかぬ位いであるからこの自分を打った以上の数戒についても詳しく感想をのべる事をやめよふ　明日にでもかきたい時にかく。ともあれこの訓に従ってこれを日常生活に実現して行く事にしたい。

二十八日午後五時より雨降り来る　数日来の疲労出て来る　八時頃湯より上るとともに寝につく。

（二十八日午後八時）

五月二十九日　土曜　学校休み也。天気

弱者弱虫。何んだ戰々兢々たるその様は。何んだ。御前には個体がないのか　どうしたらいいのだ　つまらぬではないか　どうしたらこの不安定の不決定の態度からまぬかれるのだ　教へてくれ　神様な何ぜこんな性格を与へて下さったのだ　徹底的に堕落の眞中に落つる事も出来ずそれとて徹底的に自己の信念につきすすむ丈の決意も意志も与へられないこの自分が意志なしだ　なけよ　涙を流れてくれ　そして酒をのんだり運動をしたり活動[9]を見たりし勉強したりして不統一の不安定の生活を送って居る　何の為めの人生だ　何の為めの生活だ　俺には分からぬ　社會は俺れに勉強しろ酒をのむな女にたわむるな活動を見るなとすすめる　何程俺が勉強し所謂誘惑に打ち勝つ時には確かにうれしい事から見るとこれ等の心は皆單なる社會ばかりでなし　俺の矢張り根本的性格の一つではあるのだ然し女酒を歡楽を求める心は勉強したい心よりももっともっと根深く心の奥底から迸りばしってるのだ　そして俺の全霊をうごかすのだ　勿論近頃は単なる酒とか女とか云ふ判然とした形ではなかった。何だか知れぬ俺の全れいを振盪さすものを求めるのだ。然《しか》しそれは何んだ　分からぬ　その淋しさそのくるしさを求めて酒を見たり活動を見たりするときこれもこれも俺の求めて居る物とはことなる事を直ちに知るのだ　俺の心は酒を飲みながらも分裂を感ずる　何をして居る怠惰者。それでいいのか　そんな生活をしていいのかと云ふ恐迫観念は襲来して来る　どこだ俺の道は何処だ俺の生活は。勉強はしなくてはならぬと思ふから自分を鞭ってする　然しそこには人生の片影すら俺は見出し得ない　これで俺に今少し程《ほど》智的の才能が与えられた勉強も少しは心を楽しましてくれるだろふ。

9）活動写真、あるいは映画・動画

何んと云う性格を与へて下ったのだ　俺は恨ましい恨ましい　然《しか》し助けてくれと友に心の奥底から云ひ切る程も純真であり得ないのだ　それ位《くら》いの徹底的力《ちから》貫徹力も与へられないのだ。何《ど》うすればいいのだ。神経質的な緊張的の俺の事だからこれからの生活も決して堕落の眞中に落ちて行く事もなからふ。且つ又それも詰まらぬものである事を知って居るから。矢張り歓楽は悲哀である事を知って居るから。歓楽と分裂だ。所謂勉強と分裂だ分裂が人生か　これは耐えられぬ人生ではないか　相《そう》ではあるまい　俺に来た人生が分裂であるは云ひ切れぬ　統一的人生があるどこかにあると確信する　それはどうしてそれを得るのか分らぬ　分らぬ　皆目盲目だ　宗教にすかれと俺の理智は教へる　恋人を得よと俺の感情は教へる　然しだ　然しだ

宗教を得るのには時間が要る　年日数がかかるのをいかんせん　その間の苦しみ淋しみ詰らなさを何するのだ　而《しか》も俺は理性的に築きあげる事の出来ない男だ

■し全心的に救ってくれまい　そうかそんな者がこの世には何か　それをもとめる　切に

もとめる　宗教書をよんでも何程と思ふともその心を光とし光明を与へてくれやしない悪人かそれだって得られるものか　Chanceだから自分の如き競遇にあるものにはとてもその統一的歓喜はよか■■れぬ。それかと云ってBarからBarへCaféからCaféに求めてあるく事も出来ぬぢゃないか　求め得らるれば有難いがそれ迄の年月日の苦しみはどんなだ　心は荒んでいく。社會的にはけをとされる肉親への苦痛も何《ど》んなに大きかろふ。これも駄目だ　あれも駄目だ　今■■■さから何《ど》うすればいいのだ　俺は俺の意気地なしを罵言するぞ　大声あげて恥かしめたい　この意気地なしめ。このやくざものめ　何んだ少しの学問がなんだ　安心も出来ず人の偉らいのを見て人の栄光を見て羨望してやまぬたわけもの　その癖《くせ》人から少しでも負《おと》ったと思ふと無気《むき》になるとは何んだ。万人の前にひざまずけ。万人の前に自分の恥面を赤裸々にかきすてろ。今日の様も何んだ。一日ぶらぶらとして晝寝《ひるね》をしたり運動したり活動を見たり而《しか》も常に中心す■って恐迫観念に追はれてうまくそして一日に送ってしまう。これが人生か　これが生活か。食ふ事丈《だけ》は人前以上もくって何んだ　何んだ　誰でもいい　何んでも。俺を忘れしめるものはないか。何んでもいい。何んでもいい。学校なんか詰まらぬ　然しそれをやめても現在の俺に何がある　何がある　何にもありゃしない。せめても社會からのくるしみ殊に肉親からのこまりものにならないのがましだ　あゝやはりやめられないのだ。釈迦や基督《きりすと》や有難い　殊に釈迦はありがたいと思ふが自分にかけはなれて先にすすんだ人だ。俺に近かく俺れに等しい程度の人々は見るとその人々は少しでも真面目の人々であったら自殺。自殺していった人だ　山本飼山がいい標本だ。然し安心は俺れにはいかにくるしい時もいかに憂鬱の時も自殺の自の字も思ひ出ないのだ　それ程　不真面目なのだ　それ程　阿呆なのだ　貫徹力がないのだ　不良心的なのだ。馬鹿。もう遅いで早く筆をすてる。明日又寝坊していやな一日を送るからな。（十一時半記す）。

朝日の沖野氏[10]の「魂の憂ひ」[11]なる小説が出て居る　面白いと思ふ。その中の人物月浦共[redacted]君に自分は中心からの尊敬の心をあらわす　君は[redacted]いぞ。君は人生の苦闘者だ。　自分には驚異の程の貫徹力を君は有して居る　俺もやろふ。俺もやろふ。朋は沈黙だ　沈黙だ同じ一家の中にあっても俺の心には氷がはりつめて居る　無理にこの氷は破る事の出来ぬつまらぬ話やつまらぬ談話は御免を蒙ろふ。沈黙だ　沈黙の行者だ　明日からの俺の外面的生活はSimpleにSimplestにしたいと思ふ　勉強と散歩と登校だ　これでいい　これでいい　神経質な臆病者の俺は一番いい生活手法だ。友達との交友も一時やめよふ。肯て一時と云ふ。（二十九日十二時）

10）沖野《おきの》岩三郎《いわさぶろう》：一八七六―一九五六、牧師、小説家。昭和三十年、軽井沢に浅間高原教会を設立

11）大正九年一月から六月まで大阪朝日新聞に連載された

三十一日朝。（六時起床～十時半）
○　一寸のがれにのがれ来た
　一ヶ月をふりかへると
　懺《くやし》さと自責と悔恨だ
○　ぢたばたしてものがれないぞ
　意気地なし弱虫怠惰者
　　さあ立とう死を以て。
○　戰の一ヶ月血にまみれて
やるだけやろふ。
それが俺なのだ
　戰へ　戰へ　全心を以て
（注）赤インクで書かれている
○　机の前のべエートフェン

　歯をくひしばって鼓舞してくれる。

驟雨《しゅうう》が来たり晴たり虹が出たりした。仏独の勉強を登校前四十頁三時間やる。何度も何度も同じ文法を同じ本でやるのでいやになって仕舞ふ。今度は永久にあの本とおさらばしなくてはならぬ。千葉氏[redacted]ある帰途渡辺氏の留守宅に行ってシェクスピア（斎藤勇氏[12]著）をかりて斉藤氏の論文（Renaissance Spirit in Elizabethan Elit.）をかきあげる十五頁位だ　それを八頁ばかり清書した　こんなものは詰まらぬものだ　独創の出せないものは詰まらぬ　自信がない時間も返ってかかる。長谷川に通信した　暫時文を見たいと云ってやる　夕方散歩する　兄の家を見に行く　明日あたりは札幌連もやってくるだらふ今日は勉強した　謝するいい一日だ。

12）斎藤勇《たけし》　一八八七―一九八二、イギリス文学者。福島県生まれ。東大教授、東京女子大学長、国際基督教大学教授を歴任。文学博士、日本学士院会員。

長谷兄への手紙――
其の後の生活は如何です　君の所謂粘液的意志力を以て独自の道を開拓されて居る事と思ふ。
近頃の天候には全くやりきれぬ。僕は燃焼も感激もない極めて平凡憂鬱のMoodの中に日

を過して居る始末だ　一ヶ月後には自由の天地に解放されるかと思へば稍《やや》うれしい気にもなる
僕は現在の自分の生活を嫌悪する迚《と》ても光明に接する事は出来ぬと思ふ。外面的にとても生活の改造を計らなくてはいけないと切に思ふ。自分の日常生活はあまりに散漫だ浅薄だ不統一だ雑藻だ。登校、勉強、交友、午睡、散歩それ等が単なる断片的事実に過ぎなくてもある統一的精神の異なった相であると云う気がしなく感じられない。これは実にくるしい事だ。今少し自分自身の時間を多くしたい　外面的生活をSimplestにしなくてはならぬと内心の殊に最も慎むべきは漫々な交友にあると思ふ。それで君とも姑《しば》らく御分《わか》れする。一昨年君と再会した当時は感激もあり燃焼もあり実に貴いものであった　然し段々と君となれるに従ってお互の交友関係も堕落した。唯だ「淋しさまぎらし」の様な関係になって来た。これはいけぬ。互いに暫時分れて一年あとか二年あとか分からぬが新鮮な眞面目な気持ちで互いに求め合ふ迄で姑《しばら》く御分れしよふ。
最後に君も孤独の中に深く沈潜して一日も早く迷妄の世界から脱出し歓喜の頂に立たれん事を切に望む。
この手紙は書いたときは真面目に出す気持ちで居た　然し四五日机の中に忘れるでもなくほうといたあと今になって見るとたした事でない様な気がする　もっと自由にありたい

彼の存在は自分が会いたい時に丈《だけ》認めてもいいと云ふ様な気になって来たので出す出さないが問題にならなくなって来た　(六月五日)

六月一日、午前六時起―十一時就床
散歩する　矢来の雨で塵埃を拂ひ清められて全くfreshの朝だ　大きく静かに胸一盃呼吸する　登校。原田医師に鼻を見せに行く　斉藤氏の「英詩に於ける自由と法則」の論文をかきあげる　約十五頁少しも自信がない。痛快に運動する　はち切れる様な力を籠めて投球する　汗を沢山かく　六月の新潮をよむ　岩野泡鳴氏[13]の追悼文が出て居る　泡鳴氏も精神力の強い人であると思ふ　彼の徹底性に感心する　渡辺の家に行って英文学史の論題をきく帰途戸山ケ原をさすらふ　明日でよかった兄[14]一家も三日に来るといって来た　親しい家が一軒ふえた分けでうれしい。小松亭三氏が本田先生慰労の事で訪ねて呉れた

13) 岩野泡鳴《いわのほうめい》：一八七三―一九二〇、詩人、小説家、自然主義作家。この日記執筆の前月に死去
14) 長兄信一。明治二十一年―昭和三十九年。この日記の著者佐々國雄の長兄。逓信省官僚、後に広島逓信局長、日本放送協会熊本放送局長を歴任。

六月二日　六時半――十時半
原田、中西、地球堂、生方、學校、運動、

六月三日、五時半――十二時半（一時間午睡）
七時兄一家を上野駅に迎ふ　荷物を携えて人力車にてかへる　神経をつかうす事甚だしい
歡談　午睡の後十一時過迄かかって一気に斉藤氏の論文を纏める　約八時間かかった

六月四日、六時半――十時半
斉藤氏の論文を清書する　渡辺氏来訪　論文が出来ないと悲観して居た　登校、夕方散歩
気分のいい夕である　兄の家を訪れる事二回、家も広く綺麗でいい気分だ

六月五日　六時半　――　雨

この夏はどんな生活をしようか　それを考へる事が近頃の俺の慰安の一つになって居る勉強につかれて机からはなれて後に仰向けになって空想するとき　夜　臥戸にあって考へるとき必ず自分の頭を占める問題はこれだ　清澄な気に満ちた朝の海岸を洗足い真砂の上を杖をひきつつ歩く自分の姿が目に見える　杉の木立の間を深かい静かな昂奮に■つながら杖を振り振り歩く自分の姿が目にうつる。美しい優しい戀人を得て有頂天になって生き甲斐を泌々と感じて居る自分、勉強に仕事に熱中して自信に満ち満ちて朗らかな気分に燃えて居る自分。次から次へと頭に浮かんで来る

海を思ひ出すときは陽気な親しみ易い放縦《ほうじゅう》な気が湧いて来る　都からはなれた■おにいって素敵な肉躰を持った初心《うぶ》な田舎女と感覚的な生活に自分をなげいれたいとも思ふ。或いは湘南の海岸あたりに出かけて教養のある自分の生命の源泉をつくってくれるような戀人を求めだして生き甲斐のある生活をしたいとも思ふもの或いは亦　八丈島あたりに出かけ淫蕩な島の女達と極端に肉観的生活の渦中に躍りこんでやろふかと云う様な心も起こって来る　或はどこか静かな海岸から十町位い離れた高台に居をすえて卒業論文と宗教書と仏蘭西《フランス》語に没頭しながら疲れた時には松原や海岸を杖をついて歩いたら嘸《さ》ぞ朗かであろふなどと考へる。

山を考へる時は真面目な嚴粛な戰闘的の気に打たれる　都の塵埃から離れた深かい深かい山寺に籠って強い強い精神を養い勉強もし宗教的書物をうんとよみ神に祈りぐんぐんとついてくる昂奮に有頂天になりたいと思ふ。山を考へるとき自分の胸は熱情に燃へて来る戰《たたかえ》へ戰《たたかえ》へ　平凡輩となって一生を送らんより死んでもいいと思ふと底の底迄戰ひ通せよいう云う強い強い意志力の精神が胸をついてくる。何糞と思う気がしてくる。海は自分に女を思もはせ山は自分に戰と征服欲あるひは神に仕へんとする心をそそられる　海は心をだらけさせ自分をやくぜに思はせる　山は戰と昂奮と淋しみとをひきおこす。然し自分は思ふ女をもとめて海に行くのは結局生命の浪費と不安定といらいらしさをますばかりだ山に行って生命をもっともっと伸ばしたがいい　碌な女と結婚してえばるより戰って仆《たお》れた方がどんなに自己に忠実か分からぬ。

俺の精神の糧、生命の源泉になる様を女にもとめたってだめだ。天から与へらるゝ迄《まで》待つのだ。女をもとめて不安定の生活を送るは愚の骨頂だ　山に行け　山に行って自分の道をはっきりつかめよ　山に行くのは実りある努力だ　一刻一刻が兎に角確実なものだ　海に行くのはおそろしい冒険だ　海にいったとする　自分の気に入った女があるとする　もし俺が心から打たれたら自分は真劔になって其の女の心を求める事に努力するだらふ。然し俺にむづかしい可成《かなり》の日月を共にするにあらざればそう云ふ気持ちにはなり得ぬ　唯だ女の肉体と心《ここ》ろにひかれた時にはどうだ。それ位いの事で厚かましく女に交渉を始め得る様な事が出来るそんな不眞面目な男では俺は少なくともない。だけれどもその女を見る度にその女を思ふ度にどんなにいらいらした性欲になやまされて自己冒瀆《ぼうとく》に陥るかも解らぬ。初めから全然知らぬ女の所に性欲の満足をはたす為《た》めにのみ行く気には尚更《なおさら》なれぬ畢竟《ひっきょう》海に行っても俺は性欲の満足をはたし得ず全霊的の恋も出来ず唯だ女の肉体にいらいらさせられるにきまって居る。山だ　山だ　そしてぢりぢりと精神の進展をはかるのだこれは刻々に努力がある　兎に角努力がある　それでいい　山だ　然し俺には今肉体の衰弱と云ふ心配あって山に行くな海に行って充万の肉体をつくれとささやく　然し然し山に行って一か八かの戰を戰って見たいとも思ふ
唯だ夏をいかについやすと云ふ事丈《だけ》だけれどもそこに人間の生活の主■があらはれ自分の未来の二つの道を暗示されて居る大切の事だ　等閑《なおざり》に処せられる問題ではない。愼重の態度を取らなくてはならぬ
なんだか纏《まとま》りのない変なものをかいた　だけれどこれは自分の現在の精神状態を最もよく語って居るものだ　恋（堕落した時は性欲）か宗教（不糾の時に自分には事業欲になってあらはれる）かこの十字路に立って居る　今年一月から四月頃迄は前者が勝って居た　然

しそれをもとめ得る事の困難は心の不安定憂鬱は漸次宗教をもとめる心に変って行った宗教的境地に入る事は自分の努力精神によって少しづつ進む様に思はれるし恋はあてもない求めだ　心を不安ならしめ生活を不定にならしめるのみだ　それを痛感した自分は段々宗教に走ってきた様だ

女性について

■宗教家的政治家を父とし選徹的にして且つ教養のある女性を母とした自分は幼少の時から偉大な人になるべく教《おしえ》られstoic風の家風は自分に性の卑しむべきものである事を教しへられた。それは自分に適合した家風であり境遇であった

　然し僕は複雑の人間だ　stoic風の性質が多分にあるとともに情的性的に又強い男である　一家の中で一番複雑な人間である　■一の生活に向かって突進し統一的我を憧憬する念の強いと共に性欲的方面は人一倍強い男である　愉快も人一番強いと共に淋しみを感ずるのも人一倍つよい　かかる境遇に成長した自分は仮令《たとえ》幾多の矛盾的欲望を有しながらも最近まで文化‐教化‐自我拡大に邁進した　ある時は学者にならんとしあるときは社會改良家、宗教家、藝術〈家〉にならんとした　かく方向は変わったが總《すべ》て無限の熱情を自我拡大に■中した。かくの如き自分であったから恋愛の意義も結婚の意義も分からなかった皆目分からなかった　かく女性は■間しい事ながら動物的欲望の対象としてのみ自分に訴

えた　決して精神的対象物としては映じなかった。自分も単なる動物的本能に屈服するのは屑《いさぎよ》しとしなかった。本能的に斥《しりぞ》けたと云っていい位いに斥〈?〉った　勿論其の心理を解剖して見ると境遇から来る沈黙的教化に所謂教育の結果であるが第一の原因は自分の伸展欲の妨害になると云ふ考《かんがえ》が暗黙の裡に働いて居た事を認めなくてはならぬ　ともあれこの自個拡大欲と女性に対する精神的欲求の欽乏は全然自分をして恋愛、結婚なるものから遠ざからしめた　幾多の青年が結婚を夢め見て居る心理が分からなかった　その心を卑しんだ　そして世の既婚者を劣情に屈服せられたる者、事業に対する熱情の少くなきものとして心密かに軽蔑し時には公言し憚《はば》からなかった。

一、男女間の関係は神秘的のもので始め愛もなく唯だ性交に始まりし所謂結婚と雖《いえど》も必ず愛情を感ずるに至る

一、勿論最も[redacted]しき結婚は恋愛より入るものなるべし　然し自分は恋愛をなし得ざる性格と境遇にあり今後恋愛を待つも得ざる事必せり

然からば自分は不策を取って一生独身にて過ごさざるべからざるか　一人淋しく感激もなく生を送るに耐へず　我は少しの不合理を犯しても生甲斐《いきがい》ある生を送りたし

一、性交を従来我は否定し来れりども自己を偉大のものにせんとする伸長欲と、女性に対して性欲のみ感じたるると、境遇、社會の教育によるものにして決して自分の本心にあらざ

るを知る
結婚後数年にしても性交否定的思想の起る事あらざるべし
一、自己を拡大し偉大にするに結婚は決して妨《さまたげ》にならず返って助となるべし　人生の淋しみを知り来りここに精神的に女を求め来たりたるものなれば決して余の結婚せんとする意志もあながち卑しむべきにあらず
一、余は○○を愛し得ると信ず
こんな事を自分は考へて自分の感情を納得させた　然し決して不真面目ではなかった　仕方がなかった。
けれども無理がある　結婚は矢張《やは》り恋愛から入らなくてはならぬ　亦《また》それが最も自然であることを切に悟った。だからあの時断《ことわ》はられたのを今では幸と思って居《い》る。これから自分は信仰に驀進《ばくしん》する考へだ。自分の心が愛に燃へて純眞に結婚をのぞみ。結婚することによって自分の心に矛盾を感ぜせしめぬ如き女　否《いな》それ以上命の源泉になる様な女が与へらるる迄《まで》は結婚しない　一切女との交渉はさける　自分の信仰にすすむ心と衝突し矛盾する如き恋愛や結婚は決してすまい。

六月八日

◎　世界は矛盾だ（長詩）

筆を取った。わくわくしてかいて見たい様だ

※以後は著者によって大きく×が記されているので公表を断念する。

六月十日

長谷川君　今君からの手紙をよんだ　君も僕の

※以後は著者によって大きく×が記されているので公表を断念する。

六月十二日、午後二時から。

重くるしい憂鬱と妙に神経的なMoodで今日は朝から東京市内市外を歩きまわった。東中野から神田、神田から万世橋、大森、入本■、入新井、神田停留場へと　そしてやっと美土代町の神田青年會館の前迄来た。偶然にも「ブルーバード」[15]をやって居るのを見出《みいだ》して兎《と》に角《かく》一時の落着場《おちつきば》を得るのを目的として飛び込んだ　芝居でもやるのであろふ神秘的の

気分から或る落着を得たいと思ってとびこんだが芝居ではなく活動であったがとにかく腰をすへた「青い鳥」は中学の時何かくだらない本で讀んだ事があるばかりで本当筋も知らなかったので始め知って打たれた。これは活動にすべきものでないかもしれぬがそれでもよかった　母の愛を象徴したものにチルチルとミチルがすがるあたりは涙がこぼれたそして母を思った。一時的にしろPureなものであった　然し人間は一生幸福の鳥を求めて歩くのだ　殊にそれは俺の運命だ　飽く迄大胆に自己に忠実に正実に幸福を求めて行くのだ

15）メーテルリンク著『青い鳥』

そして俺の幸福は有頂天の精神状態だ　永遠の感激だ。「故郷」と云ふのもよかったNappiなる犬をあはれに思った　その熱情にうたれた　自分の一生もかくありたいと思ふ然し俺の熱情に価するものは並大抵のものでない　俺の最価値は客観に云っても高い高いものである事を信ずる。

夜帰宅。加藤一夫氏の[16]「無明《むみょう》」を讀む　始めの一二頁はいいと思った　氏は可成《かなり》自分に近かい人だ　矢張り氏は自分に近い人だ　矢張《やは》り氏は淋しい人　察し得ざる人であると思ふ　始めの中《うち》は憂鬱の気分が可成《かなり》濃厚にあらはれていいと思ったが少し讀む中《うち》に矢張《やは》りだれてよくないありふれたものである　自己解剖力には富んで且つ眞面目に表向して居る点

がいい
16）加藤一夫《かずお》：一八八七―一九五一、民衆詩派の詩人、評論家。トルストイなどの翻訳家。
十一時半ねる。歴史協会、森氏より来翰《らいかん》

六月十三日、曇　6.5〈起床〉――3.5〈就寝〉
朝　順天堂前で森氏と会ふ　倫理は論文との事　返って楽であると思ふ。一日、教育史の勉強　夕方神楽坂を訪ねる　渡辺君来る。仏語のやる場所をおそわる　散歩　例の如く色々語る。千葉勉氏[17]に試験の期日を訊ねる。
17）千葉勉《つとむ》：一八八三―一九五九、音声学者。東京帝国大学講師を経て東京外国語大学教授、上智大学教授
翌朝三時半頃迄加藤一夫氏の「無明」を讀む。最後に絶望の宗教、救はれざる救《すくい》を感得する迄少しの隙のない張り切ったいい作だ　自分はこれによって力を得た。氏に比すると自分等は全く楽なものだ　もっと戰へ　又意欲せよ。求めよ。氏の個人主義的の自意識のつよい而《しか》も熱情的な且つ一面ニヒリスティクの性格は自分に近かい　氏の思想の経路をその中《うち》よく辿ってしらべて見よう　この本を讀んだ事を何者かに謝し加藤一夫氏に感謝する

氏は武者氏[18]等よりももっと自分に近かい　今の思想家中一番近かいであろふ　いい人を見出した

18）武者小路実篤《むしゃのこうじさねあつ》。仲間内では「武者」と呼ばれていた。一八八五―一九七六、小説家・劇作家・詩人。文芸誌「白樺」を創刊。人道主義文学を創造。貴族院議員

氏は兎《と》に角《かく》現在の自分より偉い若■の士である　スケールの大である　氏について攝取し得られる丈《だけ》を攝取しよふ。氏の演説もいつかききたいものだ　何とはなしに氏とは運命的にふかい交渉のある事を豫感して居た。

六月十四日、6.5 ―― 10.5 （三時間午睡）

昨夜は三時半頃迄も起きて居たので頭に熱を持って居る様だ　五高山岳部から頼まれた用件をはたす為に陸軍省にいたり某副官に会ふ　軍人としては神経質的の敏感な男で気持ちがよかった。原、坂井両氏に返書をかき坂井には御礼として九重と海苔を送る　午睡、夜神楽町に行く　藤本一郎を訪ね弘雄の頼みをはたす。教育史を三十頁見る　Mauvais santé〈フランス語：体調不良〉の徴候がある　苦の世界だ　御心のままになしたまへだ

六月十五日、6.5 ―― 11.5
仏語の勉強する　學校で森氏に會ふ。教育史のノートをかへす。原田医師に行く
Mauvais santéを憂へて気にかかる　神楽町に散歩す。一日風、砂塵蒙る。

六月十六日
神に謝せよ。Mauvais santéの杞憂なりし事を慎《つつ》しまなくてはならぬと思ふ。
あゝ俺は歡喜に會はずに死するのではないか。意気地なしと誰か大声をあげて俺をどやしてくれ。今度こそは必ず立つぞ　志士的豫言者《よげんしゃ》的の生活をするのだ。異常の歡喜にあはんとするものは以上の苦痛と寂寥《せきりょう》を嘗《な》めなくてはならぬ。神よ人よ見て下さい　明日からの私の生活が如何に真面目で熱烈で緊張であるかを。千九百二十年六月十七日午前八時を以て汝《なんじ》佐々國雄は旧弊を脱して真剣な新生涯に入るのだ　荊《いばら》の路に分け入るのだ　饒舌を脱して実行せよ　完全をのぞむは弱者なり。良心に忠実大胆なれ　死を超えよ。自己に内在する悪魔に対して勇敢なれ　兎《と》に角《かく》妥協をなげすてよ。徹底、生死を超へて。あゝ神よありがたい、くるしき牢獄の人を見よ。如何にそれ等の人々の苦痛に比して汝のpain

の取るにたらざるかを思へ　神よ神よ、どうかこの私を鞭《むちう》って下さい。努力。

六月十七日〈※太ゴシック体：実際は赤インク〉
絶望の奮闘　盲目の突進。汝の一生を悲劇的悲壮的ならしめよ。
一千九百二十年六月十七日午後四時　血を以てこれをかく。
四時に暗愁の午眠からとびおきる　今度だ　今度だ　今度だ。今日は暑い。八十四、五度[注]
ある　神楽町に散歩。六時半から勉強にかかる　十一時就眠　仏文典七百十八頁見る。
（注）華氏84―89°F、摂氏28―29℃
十二時迄妄想にくるしむ

六月十八日、6―12
この夏は勝浦で送る事にしたい　うんと肉体と精神と強健にするのだ。海水につかっては勉強するのだ　卒業論文を中心として英文法の根本的研究と仏文法の根本的研究と仏蘭西の小説でもよむのだ　高梨の所が具合が悪いときはあの辺の寺に行くとしよふ。七、八、

九、三月《みつき》居るのだ　長い勝負だから成丈《なるだけ》無聊にくるしまない所がいい
一日仏文典の受験準備、あれでも十時間近かくやったろふ。後半はざっとしか見られなかったの遺憾に思ふ。今夏悠然と和文仏訳も兼ねて根本的仏文典の研究をしなくてはならぬと思ふ。散歩。二葉亭訳のガルシンの「露助の妻」ポタペンコーの「四人共産團《だん》」を見る　取り取りに特色があって面白い　殊に後者は露国特有の作だ

六月十九日、6——11
仏語の試験　出来が悪い　然し過去だ　この残念の心を来年への精進の糧にする　悪いのも必然だったのだ　神は許して下さる　くるしいけれども瞑目してそのくるしみを来年の爆発糧とする。神楽町にいたり「井伊大老の死」[注]をよむ　さしたる作でないが大老のあの強大な意志に打たれる　俺も俺の道に忠実なる事かくありたしと思ふ。牛肉の御馳走になる。重雄、亀雄氏が明日熊本に立つので暫時の離杯だ　酒はのまぬ　もう絶対の禁酒だ
清かれ純一なれだ
（注）長兄、佐々信一の自宅

六月二十日、7.5 ── 1

数日来の睡眠不足と昨夕の多分の御馳走につかれて、七時半母からおこされて始めてめざめる。渡辺氏が教育史のノートをかへしに来る　赤倉の話などをする　牛込駅迄ともに散歩する　心地よし　兄に「井伊大老の死」をかへす。教育史の勉強　重雄、亀雄氏を牛込駅迄送る　今日は何んとなく疲かれて居る　いやに神経の緊張する日だ　勉強に身がのらぬ。これからそろそろ教育史の勉強にかかるかな　明後日あるのだから明日狼狽しないためには今日半分位《くらい》いはやっておく方がよかろふ。十一時迄教育史の勉強　約九十頁

六月二十一日　6.5 ── 12　曇天。

来信、江場盛次《えばもりつぐ》　返信　同氏。

僕が友人と離れて一時的の（どれ丈《だけ》の間か不明であるが）孤独生活に入る前に色々と話したい事があるから會ふ事を許してくれと江場君から云って来た。早速その返事を認《したた》め承知の由を云ってやる。一日教育史の勉強、約十一時間、百十頁。床にあってうつらうつらとして居ると渡辺君が来た　寮は電燈が消へて出来ぬから一泊を請ふとの事であったから承

諾した。

六月二十二日、6 ―― 11 （1.5）

教育史　兎に角出来た　八十点位いあるかもしれぬ。然しそんなことはどうでもいいと思ふ。帰宅　午睡した　疲労して居たので養分を摂取した所が余り過分であったのであろふドリームをしてしまった　頭が判明しない　うだって居る　熱を持って居る　十八世紀英小説に取りかかったがとても駄目だ　神楽町に散歩に行く。夜弘雄が肺尖である事を聞いて少し動揺する　俺もこんな生活をして居てはいけぬと思ふ　生活の開展を計る為めに結婚しようかとも思ふ　全我的に結婚を承認する時を待ちたいのだけれどもそれがいつ来るか分からぬし早く新生活を開展さしたいとも思ふので少し自分の心を無理するがやろふと思ふ　それに弘雄も母上も切にすすめる適当の相手もいるので。

卒業後　神（内在的の）を求めて山に入って精進するか外国を放浪して見たいと云う欲望もあるけれども現在の俺の如き無をいくら鞭撻し精進しても大肯定が生まれ相《そう》にもない確信はない　それよりも結婚して人生に根強い基底を置いて即ち四五年は全く偉大になろうと焦燥せずに静かに柔らかい根底を握って徐々に精進しなくては遂に自分の一生は根底

のない浮草の如きものになるのではないかと思ふ。

弘雄も全然この二三年は万事を放擲して健康体に復すべく努力したいと云ふし　さすると母上を護るものがない　僕は母と暫時生活してその中これも成丈《なるだけ》早く結婚したいと思ふ。

然し自分としても全く自分が全我的に肯定して結婚を熱望したのでなく――或は熱望して居るのかもしれぬが何か伸展欲かこれを妨げる――寧《むし》ろずるずるに運命にひきづられ行く如き有様を遺憾に思ふ。然し現在の如き心的状態にある自分には判然とした決断は出来ぬ。精神的に破産して居るのだ　かかる時は運命に従って凡人の生活につけ　普通の生活に入れ。然しそれでは満足しきる事の出来ないのは自明の事だから静かに徒《いたず》らなる焦燥をしないで深く人生に根底を置いて突進。何《な》にはともあれ俺の心は不決定　然し不良人的の様だがこのままではたまらぬ　少しの冒険は許してもらいたい　俺は独身生活を押し通して偉大になり得るか　自分はそれにたへ得るか疑問だ　四五年は休息だ　俺の心の中の熱情よあまり俺をせきたてるな　結婚を許してくれ　この位いの余裕は与へてくれ　たまらぬのだ　仆《たお》れ相《そう》なのだ。


お丶熱情よ。

なぜ相《そう》このつかれ切った俺をせきたてるのか
俺には何にもないのだ　何も持たぬのだ

お、熱情の虫よ。
この空虚の俺を相《そう》せきたてくれるなよ
俺は仆《たお》れ相《そう》だ　何も持たないのだもの。

お、熱情の虫よ。
俺は今迄君の躁[redacted]にこの身をまかした
これから四五年は俺にときをあたへてくれ。

俺はあるものつかむ
お、そしてその時こそ熱情の嵐

時の全部を御前《おまえ》に任《まか》せてやるぞ

一か八か俺は運命の冒険をこころみる　神よこの自分の分裂的行為を許して下さい　仕方がないのだ　俺にはこのまま居るにはたへられぬ　どの道がいい道か自信もない　運命の開展のために結婚しよう　それから後はどうでもなれ。俺の中の思索の虫よ　ひっこめよ。熱情の虫よしばらく休め。

六月二十三日、　7. ―― 11.

十八世紀の英小説は受験せぬに決した　倫理の論文を書きはじめる　登校　渡辺氏に會ふ。帰途曉星小學に至りバッフ氏に會ふ　仏語の成績は大丈夫であるとの返事を得て安堵す。夜母上、弘雄と切々と語る。いよいよ結婚せんとする気が濃厚になって来た。落ちつきと愛と人生に対する根底を得たい　俺の特色である熱情を盲目のものではなくなり根底のあるものになろふと思ふ。万事を自然にまかせる　安心する　明日十八世紀英小説の代りにWhitmanをうけたいと思ふ。

六月二十四日、6 ―― 1（1.5）

Whitmanは教育史とぶつかるのでやめた　相《そう》せくにはあたるまい　落着いてゆっくりやるがいゝ。九月からは學校に出なくてもいゝので無聊《ぶりょう》にくるしむおそれがある　何か職をもとめて見よふ　しばらく焦せらずに人生に深く根底を植へる必要を感ずる　その為めには人生に■れよ　俺は九月から職をもとめるのだ。

Mauvais santéを心配して医師に見せたが大丈夫《だいじょうぶ》だと云ふ　安心する　これから必ずこんな馬鹿のくるしみはしたくない　しない。

この夏は大分する仕事が多いぞ　鼻の療治、就職についての努力、卒業論文、結婚問題、移轉問題、仏語勉強、神経の安静、全体の健康恢復、[19]Lafcadio《ラフカディオ》 Hearn《ハーン》の翻訳。　静かに力強く。

19）ラフカディオ・ハーン（小泉八雲）：一八五〇―一九〇四、随筆家、英文学者、小説家。ギリシア生れのイギリス人。島根県松江中学、熊本の第五高等学校、東京帝国大学講師、早稲田大学講師を歴任。『怪談』など著書多数。

渡辺氏が留守中に二度訪ねてくれた相《そう》だ　父君が危篤で今夕帰郷するとの事だ。神楽町の

連中と九段に散歩す　友子が池の金魚、亀を見て喜ぶ事限りない。可愛い奴だ　俺も早く可愛い子の父になりたいと
一時就床　倫理学史の小論文をかきあげる　Stoicとepicureanの比較論文だ　八頁。
発信、青山、生方。
受信、亀雄氏、
受電、小平勝。

六月二十五日、6 ――― 9.5
圖書舘勉強する目的で登校したが気が落ち着かぬので帰宅して浪漫詩人の勉強した。午後再び仏語の受験のため登校。三題とも始めてともいい様なものであった　兎に角やってのける　少しは仏語の実力もついて来た　今夏はみっちりやって大學生活の収穫にしてやろふと思ふ。夜　浪漫派詩人の勉強　今日、亡姉の祥命日　おはぎの御馳走などがあった。
小平氏に返電

六月二十六日、　5.5 ——

雨である　それでも午前中はどうやら曇天丈《だけ》で済んだ　浪漫詩人の勉強　受験　非常に出来がよかった　かきもかいた六頁　九十点以上はあろふと思ふ。これで苦しい試験が済んだ　今度の試験は苦しかった　Mauvais santé《体調不良 仏語》の疑惑と、多分蓄膿症からくるらしい悒鬱《ゆううつ》の気分　一生涯の問題たる結婚についての話と職業問題　移轉問題　天気の不順　生理的変調などの中　兎に角やり通して愉快に思ふ。勿論十八世紀英小説丈《だけ》は受け得なかったけれども。少しこの夏にしたい事に就いての俺の空想をかいて見よふ。

○　卒業論文についての勉強

　　George Gissing かの Text 六冊。

　　Thomas Hardy かの Text 六冊。

○　仏蘭西語の勉強

　　French Novel 一冊。

○　Higher 英文典の根本的研究

　　井上の文典か何かで

○　Lafcadio Hearn の翻訳

　　六十頁以上。

○ 健康の恢復《かいふく》（冷水摩擦、海水浴　散歩
○ 神経を強壮にする事（禁酒禁煙　禁間食　禁不攝生。肉食ハ週ニ
　　　　　　　　　　　一回　但シ意外に牛ハコノ限リニアラズ）
○ 鼻の療治

○ 職業問題の解決
○ 移轉問題の解決
○最も重大問題として結婚問題があるがこれは相《そう》自主的に出来ぬから何ともいへぬ。

青山を訪ねて職についてたのむ　一週十四時ぐらいの所を。それからF嬢の性格等について聞く。話を綜合して見ると快活な感情的なれども余り敏感ならざる女なるが如し　健康は中　容貌も中　兎に角日本婦人としては欠点のなき方ならん人と　学才は相当あるが

如し　心の段々と動いて来るの感ずる　或《あ》る種の憬《あこがれ》の感情が起って来るのを覚へる。夜　約束の如く江場兄が訪ねて見へる　散歩　お納戸町の蕎麦屋でこれからの余の孤独生活並びに其の動機についてもかたる　彼は余に健康とMoodに支配されざる事を忠告してくれた　有難く聞く。　十時半就床。

六月二十七日、　6.――9.5
菊池循一に行く　大分待たされていやになる。　蓄膿であるか否かは未だ不明であると云ふ　明日洗滌して見たら或は確信し得るかもしれぬと云ふ。午後神楽坂に到り名簿整理を手傳ふ　約四時間可成《かなり》疲れる　神楽町と合併の晩餐をやる　焼鍋をつつきながらやる雑談、九時半ねむる

来信青山、
発信青山、小松、渡辺。

六月二十八日、　6――10.5

風強く吹く。暗雲低く漂ふ。
東中野にいたり、渡辺氏からの依頼の件をはたす　貸家を捜して見たが相当の家はない。一軒三間の家があったがどうかと思ふ。少し狭すぎる様に思はれる。須藤氏を訪ね菊池氏への紹介状を貰ふ。結婚問題につき上野氏と會ふ。古本を賣る。神楽坂に散歩す。夜、旅行記など散讀す。

受信、重雄、入田整三、坂本祐直、
発信、重雄（亀雄）、入田整三、渡辺明。

六月二十九日、　6 ――― 9.5　（1.）
仏蘭西書院でMirejkowsky のPierre le Grandをかいもとめる。いつかは讀んでいい本であると思ふ。菊池氏にいたり果たして蓄膿なりや否やを見て貰ふ。蓄膿でないと断定し得ないが寧《む》しろ鼻加答児《カタル》に近かい　手術したとて効果はないと云う。一ヶ月は儲かった様なものだ。ありがたい。少し出血した　頭の心《しん》が重い。今日一日は安静を要するとの事であった。
午後床につく。ねたり本をよんだりする　二葉氏訳ゴルキーの「猶太人の浮世」をよむ軽い中に生の悲酸を巧みにかいてある　原本はどうであるかしれぬが訳に今少し重味を加へてほしかったと思ふ。夜神楽町にいたる　守田氏安達氏を招いて精進料理の御馳走があった。気分が重いので中途独りかへり床につく。

六月三十日、4.5　　朝散歩する
丸善、中西、研究室。菊池氏。とかけめぐる　今日は晴天　拭ふが如き好天気である　気もはれやかに近頃になく気分が高揚する　快活である。今日の送別會出よふか出まいかと迷ったがとうとう出てしまふ　湯浅、青山、井田、星野、牛原が来る　校舎前で撮影した余りよくはとれなかったろふと思ふ　白山下のかね万なる鰻屋に行く。うんと蝕し酒もうんとのむ　気分が緊張し独りでさはぐ　愉快だ　藝妓と半玉が来た。歴史家連はかへる。渡辺氏から父上逝去の報があった　左の手紙かいたが出さなかった　出す気にもならなかったから。
渡辺兄
君からの依頼の件は承知した。君が今動乱の最中にあるのは想像し得る　然し僕はそれを
[redacted]感得し得ない自分を遺憾に思ふ　淋しくてたまらぬのだ。とはいえこれも俺の性格だ

自然からあたへられた物だ。今自分は常に人を愛せんとした　強し強し　自他の全融合的境地をのぞんだ。心から望んだ　然し僕にはその力がないのだ　心が冷えて居るのだ　我意が強過ぎるのだ　僕も人間であるからつとめて人につくさんとし又つくした。けれどもそれは返って自分に不快をもち来した　一寸した同情をかけるのは返って自分に不忠実であるのを後から倩々《つらつら》と思ふ　自分の偽的同情を強く強く唾棄するのだ。君よ　これが僕の性格だ　強く強く自分の意欲を押し通さんとする心だ　けれどもそれ丈ではない　僕は矛盾の塊だ。かく我意的な孤独な自分をたまらなく淋しくなさけなく思ふのだ

高梨に行し主人が病状にあり加えて今度勝浦町の規約で室をかす前に消毒しなくてはならぬことになった　それで消毒して仕舞ふ迄四五日待ってくれと云ふ　それまで勝浦の旅館で日を消してくれと云ふ　玉木屋の紹介で大盛館に入る　汚ないの所だ　殊に女中の低級なのにいやになる。

うつらうつらと日をすごし長谷川と江場に金を各二十円送ってくれと云ってやる　昨日の料理屋には今日はいけぬ由をことはる。夜散歩。江場から返電がある　散歩からかへると突然小松館に長谷川の親父が来いと云ふ　何んだろふと思って行って見ると自分の打った電報を哲平氏がうったのではないかとあやしんで来たのであると云ふ　色々と話しビール

の御馳走になる　M[注]を30[注]かりる　長谷川も大分厳粛な生活気分にあるらしい　御両親は可《か》成《なり》御心配の様だ　彼の真面目にうたれる。

（注）Moneyの略、金銭

（注）三十円

家に手紙を出す。

七月二日、

朝から長谷川の父と酒をのむ　金政と云ふ勝浦一流の料理屋に入る　藝妓や半玉をあげてうんとのむ　勿論大勢ではあったがビール二十五六本のんだであろふ　一昨日あげた半玉も来ていた。

長谷川の父の――中年の商人――所謂くだけたのみ振りを拝見した。善良な人のいい人であると思ふ。長谷川の如き真剣の人を理解し得ぬのは蓋し道理なるかなだ　五時の汽車でかへった。散歩かたがた高梨を訪ねる　未だ十日はかかると云ふ　それで一旦かへる事にきめる　春木屋に金をかへす　江場からも来た　明日早朝かへろふと思ふ。この二三日は全く変んな日を送ったものだ

七月六日
六時半の汽車にのってかへる途中殆ど眠る　母に笑はれる　自分は済まぬ様な気がして苦笑するより外にすべもない。
中央公論をよむ、散歩。上野氏から結婚の事について行ってくる　どうかとも思ふ。何んとなし心もたない。淋しくなる　救われぬ様な気がして来た。

七月七日
神楽町にいたりHardyのJude the obscureをよむ　身がのらぬ
午睡、散歩　突然これ遊蕩児の生活だ。
早くまぬかれたいと思ふ。

七月八日
Jude the obscureをよむ。

身も心もだれ切って居るのでこれもなげすてて探偵物などをよむ。夜　牛込館に活動を見る。
心に行く　心配はいらないと云ふ。

七月九日
渡辺に返事。Shalleyを送る　青山に送金。江場に返金、長谷川の父に礼状、大滝に催促
夜天明かん　二三日中に弘雄と軽井沢に行く。

七月十日、6.5 ――― 2
俺は天才でない　早熟ではない　晩成だ　発達は遅い方だ　それが俺の性向だ　傾向だ行き方だ　それだのに天才を真似て一足飛に高処に上がろふとしても駄目だ　それは分かり切った事だ。まあぢり牛の歩みを以て進むのだ　それより外に道のないのは明《あきらか》だ　自分をすっかり否定し切って仕舞ふには未だ自惚《うぬぼれ》がありすぎる　未だそれには戦が足りなかった　夢中になって仕事にかかれぬのは自分の性《さが》だ　自分でないものに自分をあらしめ

たい思ふのは間違いだ　では自分はぢりぢり毎日毎日緊張して向《むこう》十年間試みて見よふとしても駄目かどうか。十年後に果して自分は偉くなれないかどうかためして見てかうまで自己否定するなり肯定するなり遅くはあるまい　遅くはない　今の俺は一元的に努力する事の不可能の性質である　未だ自分が確然と攫《つか》めないからである。現在は多元的に勿論價の差等はあるが　――にすべてに緊張して生を送ろふ。

[注]白樺《しらかば》連中の努力は拮据《きっきょ》十年彼等は二十四五から三十四五迄での苦闘時代があった　自分は彼等の早熟に勝《かな》はぬ事を知って居る　然し未来に於いては必ずしもそれ非なりとはいへぬと思ふ。自分は殊に晩成の自分には二十六から向十年間即ち三十六迄の拮据時代は当然であり否なそれでも尚《な》ほ尚《な》ほ足りぬと思ふ位である。1920.7.10 ―― 1930.7.9.

これ迄は拮据。苦闘だ　未だ未だ悲観しきるのには早すぎるぞ　俺は未だ二十六だ。気を落ち着けてぢりぢりぢりぢりとやるのだ」

（注）文芸雑誌。一九一〇年創刊、一九二三年終刊。全百六十冊。武者小路実篤らによる人道主義、理想主義的傾向の同人誌

神楽町にいたり数日来の日記を認《したた》める　梅田丹鈔《たんそう》氏に返事をかく。理髪。午後研究室にいたり渡辺氏の為めにShelleyの参考書をしらべる　南米博覧會に行く。

溝口龍夫氏渡辺氏（小包も）に通信す。

夕方より雨降り来る　涼しい誠にいい夜である

青山君が久し振りに訪ねて来た　段々と例の上づった上調子な熱情が消へて落着いた人格が出来て来てうれしく思ふ。Ｆ嬢についても段々と話をきく。

自分は不才である　それは千も承知して居る　たしかに俺には才はない　科学的研究心もない。哲学的思索力もない　然し俺には情熱、燃ゆるが如き熱を有する事はたしかだ　何《な》にもかを求める心はある　野心もある　征服欲もある　然しこれ等も未だ未だ薄弱で根のないものである事を知って居る　断片的で一■的で人の好い情熱である　心の奥底から根深い絶対的のものでない事は知って居る　天才によくある殆ど天命的の性格の奥底から出てくる叫《さけび》でないのだ　衝突然的のものだ　対人的のものだ　見栄からくる情熱だ　反抗から来る情熱であるのを自分はよく知って居る。才もなく思索力もなくて根のない情熱では救はれぬ　それは最近一年の苦闘の結果自分はよく体験した。

これではいけぬと倩々《つらつら》思ふ　心を落ち着いて一時的反抗や見栄を去って根強く人生に根をはってそこから生れ出ずる情熱でなくては自分はうだつがあがならぬ　拮据《きっきょ》十年の苦闘だいいか君よ。自分よ　この十年こころを落ち着け自分を平凡の境涯にあらしめて静かに黒い情熱の中に沈潜してよく未来の大飛躍にあたらしめよ。自分は自分なのだ。これをよく知れ　徒《いたず》らに他人の模倣は決して自分を偉くさせないぞ　今働《はたらい》てないのは仕方がないと思っていいのだと思う一面にこれを肯定して尚《なお》向上に突進するのだ　人には運命があるのだ　釈迦は決してキリストではないのだ　自分には自分をいかす最もいい道がある筈だ　俺の今できる最上の生活は結婚生活に入って人生に根をおろし経済的に独立し苦しい淋しい心を未来の自我発現に努力するのだ　神よこの弱き自分の辿らんとする道の正しき事を肯定するの絶対的なる事を私にとかしめたまへ　許したまへ。落ち着け　あと十年自分を信ぜよ　外には道がないぞ　多元的現在の生活に充実せよ　そして一つ一つ経驗して遂に一元の生活に徹せしめよ。発見せしめよ。

まけないぞ　決してまけないぞ　十年十年亭々として天をも摩する大木の根を見よ　いかに地中に深く根をおろせるかを　これだこれだ

発信、溝口、渡辺、梅田

七月十一日、6.5 ―― 9.5

古本をうって十四円を得る　長谷川氏に手紙をかく　返金もした　神楽町に寄り兄上を誘ひ夜迄かかって父の書類を整理した　A氏が昨日　兄の所に来て破廉恥の事をやった　この行為について各人の感ずる処が面白し　兄は唯だ無気になって怒る　姉は善良の心から

決して他人がかかる行為に出る事のあるを疑へない　それがかかる行為によって裏切れて不快苦悶を得た。全く他人を愛すのだ　――　勿論その人の運命を思ふと云うが如き　理智的の所はないにしても　――　僕は平気なのだ　淋しいながら他人の事は全くに関与されないのだ　仮令《たとえ》Ａ氏がかかる破廉恥の行為に出でようとしてそれはたいした心配事ではない　ピティーの念もおこらぬ。正義感から彼をせめると云ふが如き社會的感情も起こらないのだ　母と弘雄の心の行き方は同様である　[redacted]愛し得ないのにしても正義感から彼を真面目に非難し得るのだ　かく見るとき兄が一番盲目的であり僕が一番淋しいのだ　然しこれも性格的の事　仮令他人に愛から出発して世話は出来たとて義務感から世話しても仕方があるまい　運命的の事だから神は許して下さる　然し淋しい
二三日中から軽井沢の溝口の別荘に行きたいと思ふ。

　来信　塩島礼三。

　発信　五高。塩島。長谷川寛次郎

七月十二日　6.5 ―― 9.5 （1.5）

先日神楽坂散歩の折に横山[20]桐郎氏を見かけたので訪ねる気になって久しぶりに訪問した。

生憎留守であった　昨日から興津に行ったと云ふ。軽井沢の別荘の殊について溝口を訪れたがこれも生憎《あいにく》横浜に行って留守であった。十数年前讀んだ事のある「旅順露国将校実歴談」なる本をよむ　その時は唯だ単なるエピソードとして讀んだのに仲々《なかなか》〈中々〉あなどれぬものである事を知った　露人の複雑なる性情とその博大なのに打たれる　涙の滂沱として流れるのを覚へた。馬鹿に出来ぬ本であると思ふ。

発信　横山桐郎。

20）横山桐郎《きりお》：一八九四―一九三二、昆虫学者。蚕業試験場技師を務める傍ら、東京虫の会を創立し昆虫学の普及に尽くす

向いの長屋氏の犬が後日来の暑気にあてられたのであらふか時々妙に吠をなして苦悶する死期の近かまったのであるまいか　あの一匹の犬でさへ実に生への執着の強い事をつくづく■語るのである。生きんとする苦悶だ　生きんとする努力だ　悲痛である　苦闘である今日の一日の自分の行動をふりかへる。実に無計劃《けいかく》であり單に七月十二日なる日が来し故にこれを暮らしたのであると云ふ感を倩々《つらつら》感ずるを得なかった。もっと計劃的の生活のもとにくらしたきものかな。非常な意志力をもって自己の生活を律して行かなくてはならぬ倩々《つらつら》思ふ。拮据《きっきょ》十年ぐずぐずして居るとすぐたって仕舞ふ　日は一日と緊張した自己に忠実の生を送りたいと思ふ　又送らなくてはならぬと思ふ。

七月十三日　5.5 ――― 11

朝靖国神社迄散歩した　炎熱の下、民に嘆声ありだ　一日蟄居。雑誌を乱讀。日本斥侯露国横断記なる書をよむ　主人公の貫徹力と意志力の強いのに打たれる　いかなる本も―眞劔のものでさへあれば―馬鹿に出来ない事を倩々《つらつら》知る。

牛込館に活動を見る。英人バリーの原作male & femaleがあった　一寸変った風刺的のものである　階級制度の自然的であると云ふを仄めかしたものである　主人公の孤島に於ける男性的性格の発露したれる力。力、力を得なくてはならぬと思ふ。牛原清彦[21]氏に會ふ。

21）牛原清彦《うしはらきよひこ》：筆名 牛原虚彦、一八九七―一九八五、映画監督。日本大学芸術学部教授、日活芸術学院院長を歴任。

上田志郎氏の死を聞く。彼は熱情の男であった　彼は孤独の魂の所有者であった　彼は常に不満 ―― 満たされざる魂の淋しみ悲しみを医《いや》すべくあ■わく事を企《こころ》みた。文学、酒、女、外的活動と、然《しか》し彼の余りあまる情熱は常に仮令《たとえ》一時的刹那的にはそれ等のものによって慰められ満たされても到底満足出来なかったのだ　彼も近代人であった　熱し切れない所に彼の悲哀があった　勿論普通の人に取ってはあれ丈の感動的生活は法悦の境地で

あったに違いない　然し彼上田志郎の如き情熱的の男に取ってはあのくらいの感動的生活では途《と》ても満足出来なかった事であろふ。彼にしても内面的の人であったなら何等の道を長い苦闘の道でも発見し得たであろふ。然し彼は思想的の人ではなかった　感激の対象を外にもとめた。で比較的外面の生活の豊富なる高等学校時代にあっては彼は幸福であったに違いない。然し砂を噛《か》む如き大學時代　無味乾燥の大學時代にあっては彼はいかにつまずき喘ぎ焦燥した事であろふ。如何に彼は情熱の過剰、精力の過多に苦悶したであろふ卒業後の上海に於ける彼は比較的幸福の生活にあったらしい　而も幸福の見へ始める時にあたりて過去の放縦の生活の結果は彼を遂に死に導かなくてはならなかったのだ

自分は彼の事を考へていくたの教訓と奮励を与へられた　勝負はながいのだ　彼の如き天分ある人もかく早くこの世を去っては何にも残らないのだ　而《しか》も自己幸福でもなかった　ここに彼も自分は人生の指示者として神様の貴き事と意志力の大切な事を覚るのである　勿論情熱の大切なるは論外として。

彼は自分の情熱の為《た》めに仆《たお》れたのだ　彼れの理性は情のために破れた　彼は矛盾のまま仆れた　外面的に濃厚に自我を出した彼も彼自身としては決して強者ではなかった　偉大であるが然し弱者であった。自分は五高時代に遭遇せしcharacteristicの人物の死を聞きていろいろの感情をおこしたのである

人生は長いのだ
　刹那、刹那、緊張し燃へ上れ
　　而も悠然と踏んで行け。

お前の歩みはのろいのだ
　現在の自己を肯定し
　　而も一元浄土につきすすめ。

来信　磯村潤
発信　磯村潤

七月十四日、6.5 —— 10.5

溝口氏を訪ねて軽井沢の様子を尋ねる　群馬縣吾妻群《(ママ)》東避暑地と云ふ七八軒の別荘おで《(ママ)》高原地にあるから景色滅法いいと云ふ　そこに一ヶ月も帯《(ママ)》在してハディーの作を三つ位《くら》い讀み上げよふ。

碧梧桐[22]の「支那に遊びて」を讀む　遊心勃々たるものがある　氏の文は簡にして噛みしめると仲々の味がしてくる　来夏は南支にも遊びたいと思ふ。朝鮮満洲北支南支と。

22）河東碧悟桐《かわひがしへきごとう》：一八七三―一九三七、俳人。高浜虚子、正岡子規に学び、新傾向俳句運動を起こし自由律俳句に進む

机の整理本箱の整理をした　夜神楽町にいたり古本の整理の加勢をしてやる。この詰《つま》らぬ趣味■らぬ事をして居ると倩々《つらつら》にやる　然し今の俺としては勉強するかこんな事をするかがまあ関の山なのだ　拮据《きっきょ》十年静かに人生の根底に根をすへて確固たる自我発現の基をつくるのだ　これでなくては俺は助からないのだ　今いくら焦燥しても返って憂鬱に陥って心身をくいやぶるばかりだ　憂鬱のどん底につきすすむ丈《だけ》の確信ももち得ないし又《また》今の所出来ないのだ。かかる現在の自分は多元的に努力して自然的の自分の魂の発展を待つより外に手段はない　道はない。

来信。　横山桐郎。

発信　　広辻信吉

七月十五日、6――11

Noteの製本を肴町に頼みに行く　拂方の古本屋に五時頃来てくれと云ひに行く。中沢臨川氏[23]の「Napoleonの人格と運命」を讀む　彼の充実し切った意志力超人的の頭脳、energeticの一生に打たれる　然し以前の如き盲目的賛美の声は発する気になれぬ　彼れに学ぶべき点は意志力である　自分と云ふ立場自分と云ふ性格に自信をおいてそれを肯定した上の意志的生活であらねばならぬ　坪内逍遥[24]の「法難」を讀む　余り大した感銘をうけぬ　日蓮が余りに没人情の畸形的人物になり過ぎてはいないかとも思ふ。今少し人間らしき弱さを充分にあらはして欲しかったと切に思ふ。

23）中沢臨川《りんせん》：一八七八―一九二〇、東京鉄道電気会社、京浜電車会社などで技師をつとめた異色の文芸評論家

24）坪内逍遥《しょうよう》：一八五九―一九三五、小説家、劇作家、評論家。評論『小説神髄』を発表し近代的な写実主義文学を唱える。「早稲田文学」を創刊。「シェイクスピア全集」の全訳もある。早稲田大学教授

ともあれ逍遥氏の舞台を考えた上の技巧などには誠に気に入った所がある　然し岡崎義恵[25]

氏が云ふ様に氏には天才的面影は蓋し微塵もない。

25）岡崎義恵《よしえ》：一八九二―一九八二、国文学者。日本文芸学を提唱し、日本文芸研究会を創立。東北大学教授、共立女子大教授

神楽町にいたり古本をうるに加勢をす。夜靖国神社に散歩　静かに現実をそのままに肯定すると云った様な落ち着いた柔かな情感が胸に去来し蹟〈跪《ひざまず》〉いて天に謝したい様な思ひに満ち満ちた。

七月十六日、6 ――――

故[26]杉谷代水氏著「希臘《ギリシャ》神話」　行文流麗興味津々《しんしん》たり。神楽坂に散策道になるの為めに本を購ふ。

26）杉谷代水《だいすい》：一八七四―一九一五、詩人、劇作家。新体詩、歌劇、狂言も書き唱歌を作詞。「アラビアンナイト」など多数の翻訳があり、『母をたずねて三千里』を命名

[27]今井常郎（ママ）氏を[注]日本済美學校に訪ねる　氏の宅が■小學部の寄宿寮　誠に面白き生活なるかな。氏に来意を率直にかたる。枯淡の所に面白味あり　神経質にして見栄の風更になき六十に近き老人　而も熱情の仄《も》ゆるを愉快に思ふ　力の人には毫にあらず寧《むし》ろ人に安易に気

をおこさしめるの人　誠によき印象をうけたり。　目下欠員《けついん》更になければ約束はなしがたしと　其の中《うち》熟議いたしたしとの事也。九月にても必ず行くべし。あの学校にては落着いて愉快に生活をなし得ると思ふ。中野の鄙《ひな》びた雅致ある域に心地よし　久し振りて大きく呼吸をなし得たり。重雄より来電　明日帰京を報じ来る。本日の新聞に一青年の鉄道より墜落して生命危篤の報ありたれば心中少しく心配せしに来電により安堵せり。

27）今井恒郎《つねお》の誤り。一八六五―一九三四、教育者。第五高等学校教授を務め、退職後、東京で梧陰塾を開き、明治四十年、日本済美学校と改称

（注）明治四十年開設の全寮制少数教育の学校。昭和二十五年杉並区に建物・敷地・設備一切を寄贈し、昭和二十六年、区立済美教育研究所開設。昭和五十四年、区立済美養護学校を設立し現在に至る

七月十八〈七の誤り〉日　6 ――― 11.

今井常《ママ》郎氏　青山公亮氏に発信。溝口氏より未だ何等の通報に接せず軽井沢の駄目の際は赤倉に行かんと思ふ。横山桐郎を訪ふ　生憎《あいにく》未だ帰京せずと云ふ。河上博士の「社會問題管見」を讀む　相《あい》も変らぬ熱情家也　気持ちよし。

28）青山公亮《こうりょう》：一八九六—一九八〇、東洋史学者。松江高校教授、台北帝国大学助教授、
上智大学教授、明治大学教授を歴任

29）河上肇《かわかみはじめ》：一八七九—一九四六、経済学者、京都帝国大学教授。『貧乏物語』を著す。
日本共産党に入党

重雄を東京駅に弘雄と迎ふ　さまで疲労しおらず。試験も相当に出来居るが如し。夜青山公亮を訪ね散歩す。就職について氏に一切を依頼す。これに安心して田舎に勉強しに行き得る事となれり。

七月十八日　6 ——— 10.

凡々の生活が終始する　いつかは孟（ママ）烈の意志力を以てこの生活を打破して見せる　必ず近き将来に於て。それ迄は普段の努力。強壮の肉躰の養ひ。鉄石の如き意志の鍛錬。松平写眞館にいたり写眞を写す。掛物、古本。刀劔の分配、仲々に時間が入《い》る　祖父の祥命日なる故《ゆえ》神楽坂の連中と晩餐を共にす。馬食す。たまには胃の為めにもよかるべし。新渡戸氏[30]「米国建国史要」、古文集を讀む　李太白の詩　率直にして誦するによし

30）新渡戸稲造《にとべいなぞう》：一八六二—一九三三、教育者、思想家、農業経済学者。京都帝大教授、

東京帝大教授、東京女子大初代学長などを歴任。国際連盟事務次長。貴族院議員

発信。今井兼之、高梨武、横山桐郎

七月十九日、6 ―― 9.5（1.5）

極めて詰まらぬ一日であった　無計劃的衝動的非意志的の一日であった。心をしめて務めなくてはならぬ。

昨日は馬食の故であろふ昨夜一晩くるしんだため日一日頭が悪い　圖書館にいたり福田[31]正夫氏の「未墾地」をよみたいと思ったがない。神樂坂にいたりこれを求む　二三頁よみかかったが身がのらぬ

31）福田正夫《まさお》：一八九三―一九五二、民衆詩派の詩人

浅井氏来訪してS氏の令嬢を余に嫁せしめたしと云ひ来る由。心動く。F氏より寧ろS氏の方に心をひかる　然し唯だ心配なるは健康の由なれば其の事を尾越氏を通じて医師にきく事とせり。性質は温順にして気品あり容貌外形もよしと　所謂《いわゆる》女らしき女の由である。三輪女を卒業し目下　新坂町の細川家につとめ居る人にて両親あれども浅井氏の生活の下にありと。父は中学の教師をつとめ居る人で頭よきも飲酒で顔面蒼白の人なりとの事であ

る　母なる人は誠によき人であると　姉妹五人妹三人ありと。
自分としては健康の情態を写真を見たる後に決したし　[redacted]的にF氏の方を断りたいと思ふ。然しF氏の方はあのままになし置きたいと思ふ。
早稲田迄散歩　稍《やや》発汗ありて心地よし　午睡。少し発熱の模様ありて夜早く寝につく。
溝口氏より報あり　軽井沢の方は借手最早来たりと。浅井氏の方の目鼻が付く迄は在京少しずつ勉強の後　信州赤倉の高原に行きたいと思ふ。
　受信　溝口静夫。
発信　溝口静夫。

七月二十日　6――10
仏蘭西語にて　Des Apennines aux Andes[注]を三頁見る　未だかくの如き易き本にて一頁に辞書をひく事十数字である　勉めなくてはならぬと思ふ　向ふ一年間みっしりやったら少しはものになろふ　仏語をマスターして、独逸にかかろふ　これも一年間の計劃である。

（注）アミーチスの『クオーレ』の中の一篇の仏語訳。杉谷代水が和訳して『母をたずねて

三千里』と命名
「Thomas Hardy の「Tess of the Durbervilles〈注：『ダーバヴィル家のテス』〉を十頁讀む割にやさしい。然しこれ一冊でも半月はかかろふ。古文前集は誦す。[redacted]熱にて睡気を催せる際には最もよき讀みものである　李太白の詩、率直平易而も朗々最もよし。神楽坂にいたり眼鏡を修繕さす。掃除す。S氏の血統につき千壽喜叔母に尋ぬ。健康につきては母、尾越氏にいたりかかりの医師にききてみる豫定《よてい》なりしも尾越氏は目下S氏の医師にかかり居らずとの事にて駄目也　他の方面からきくべしと云ふ。
発信　正之叔父、藤野愛泉、青山公亮、国友千壽喜

七月二十一日、6 ―― 11（1.5）千壽
耳の具合がよくないので原田に行く　幸な事には大した事はないと云ふ。咽喉が返って悪い　仏語を三頁、「Tessを八頁讀む　咽喉が悪いので今日一日用腎《ようじん》して臥床す。午睡。河上博士の「社會問題管見」を讀む。
来信、渡辺

七月二十二日、6――11（1）

頭が一日悪い　これも自然の結果だ　仕方がない　気ながに征服するより方法はないと思ふ。三輪田の娘なる来っての話にS氏は身体も強壮性質も従順で成績も相当との事であった。心増々向いて愉快になる。原田に行く　耳の方も最早《もは》や来るには及ばずと云ふ用肾《ようじん》に勝つ所なしだ　學校に成績を見に行く　未だ発表してない。神楽町に行く。風邪の心地と生理的変調で今日は身躰の具合がよくない　午睡する

夜用肾して早く寝る　尾越氏から心よからぬ報が来た。S氏は卒業後肋膜炎になってその後虚弱であると云ふ　且つ性質も鈍であると云ふ。仮令《たとえ》二三日ではあったけれども心が向いていたのをうちこはされて面白くなかった　外面から翫弄《がんろう》されて居る様な気がした然し自分がその人を見たのでなくて自分の先方に向いた感情も実は他から提供された材料に根をおくものである以上かかる悪報告はたしかに今迄の報告によって起こった感情をさめさすに力あった　且つ母が熱心にとめるので不満ではあるが止める事にした。かかる結婚法は家庭に於ける協力を必要とするので。　然し一時は真黒になった様な気がした　アンニュイな生活メランコリーの生活が開展されるのと思はれた　然しかかる一少事によって自分の心は乱《み》だされないぞ　かかる事は俺を築く材料とことなれ攪乱されやしないぞ

拮据《きっきょ》十年　十年もたてば社會に斬然《ざんぜん》と頭角をあらはしてやる。十年　十年。長い様で短いのだ　二三日中に田舎に行って静かにうんとHardyの作物に耽讀《たんどく》しなくてはならぬと思ふ。

受信　渡辺、

発信　渡辺、井田、井上。

七月二十三日、5.5 ——（1）9.5

Hardyの作物を少しよむ。八頁ばかり気がのらぬ。朝から貸家の事でごたごたする二三軒あったが総て駄目であった。午睡する　風邪気があるからである　明日は野尻湖畔の人となるで支度《したく》までしたが貸家を是非きめなくては心が済ぬので二三日延引して是非決めてしまいたいと思ふ。弘雄の近頃のデリケート過ぎる神経を誹難《ひなん》したので衝突する　現在病身である事を思はなくてはならぬと思ふ。貸家の事結婚のことなどごたごたがあればある程増々心は家にひかれて行く。多分心の変化して来たのを覚る。　来信　青山

七月二十四日　9――11
神楽町に重雄といいたり先月話のあった大久保の家をたしかめた然しこれも不確実だったので中山に行ってそこに兄に住んで貰ふ事にしたがこれも思はしくない　船河原の周旋屋、拂方町の周旋屋に歩いて牛込仲の町に一軒佐内坂に一軒見出す　屋賃《やちん》共に八十円である　屋賃に価へしない家であるがどうせかりてもここ五六ケ月の事であるからここにしたらいいと思ふ。午後兄を案内する　驟雨に遭ふ。佐内坂の方に多少の思案の後に決した。明日契約の事だ。少しは骨折甲斐があった　ここに四五ヶ月いて高田の方を買ったらいいと思ふ。これも僕が纏めなくてはなるまい　これから母も年を取って来たし弘雄には病身の上に学者として立つ必要があるので家事上の事には余りかからしめたくないので僕が一切引きうけよふ　何か経験するものがあろふ　広く深く人生を見きはめる事を僕には必要とする　而も直接体験で。一日風邪の気持也。
来信、本田弘氏　慰安発起人

七月二十五日、5.5――11
朝周旋屋に行く。弘雄を除く外総《ほかすべ》ての連中を牛込館につれて行く。兄迄来る。淋しさの余り自分独りで見物する時より共に楽しむ　自分の愛する人達の喜ぶのを見る方が余程心が落着いて愉快だ　尤《もっと》も独りで行くときはつきつめて居り共に行くときは余裕がある故かもしれぬが。写眞[注]は面白いものがあった　「心の囁《ささや》き」と云ふものの如きは確かに深刻な写眞であった

（注）活動写真

ある性格の弱い人の害〈?〉が堕落していく経路をかいたものである　彼の母並に妻の余りに調和的性格所有者である事が返って増々彼をしてどん底におとしめたものと思はれる。自■が家庭に於いても最も弱者とされてたたなくてはならぬので。母上も貰い泣きをされて居た。[32] Mack Sennett の写真に兄上は非常によろこばれていた。それ等を見る事はたしかに喜の涙だ　これからは可及的に家のものと共に行きたいと思ふ。弘雄独りのこる気の毒である　然し身體がわるいのだから仕方がない　一昨夜にいいあってから弘雄がつとめて愉快にやさしく家のものに対してくれるのは嬉しい涙だ。中央公論の加藤一夫氏の小説をよむ　思ひあがった所が不愉快だ　但し奮闘的の所には敬服する　明日は野尻湖へ

野尻湖へ。

32）一八八〇―一九六〇、アメリカのサイレント喜劇映画の製作者。監督、脚本家、俳優もつとめる

七月二十六日　5——10.

車で上野に行く　荷物が多いので。七時二十分の汽車にのる　車中　中央公論をよみ耽る。Freed〈解放されたという意味か?〉の気持で小説を耽讀する　皆夫々《それぞれ》に面白い　宇野氏の作をのぞいては。車中には面白い事はなかった。高崎でサンドウィッチを食ふ。碓氷の電気仕掛は気持ちがいい。姉弟を[redacted]った時は最早や七年半前だ　拮据《きっきょ》十年も早いものに違いない　務めなくてはならぬぞ。軽井沢の高原はいい。そこには別荘風の洋館が点綴して外国の風景画見る様であった　浅間は峯を見せてくれない。小諸はもっと落ち着いた鄙びた所かと思ったら煙突の四五本立って居る様なところであった　昔は相《そう》でもなかったろふに。川中島は平凡であった　野尻湖畔の小松屋につく。四時少し過ぎであったろふか。小舟を操《あやつ》る。ここでは落着いて勉強は出来ぬ。宿のものに頼んで民家を世話して貰ふ事にする　あればいいが。

野尻湖はopenな平凡の景色だ　山中の湖と云ふ気持ちは少しもない　宿の前に悌然荘自律寮と云ふある富豪の世話のもとにある学生の共同生活がある　まあOxford大學のテント生活のようなものであろふ。皮相的に馬鹿な所謂高等學校式のものである　嘔吐を催す。

軽薄なる神楽坂あたりの散歩する男女に対すると同じく。月明の夜である　椅子に腰かけながらうつらうつら何も考へる事なく湖面を見る　世話になるべき民家の人遂に来たらず。

受信　今井兼之

七月二十七日、5――12.5

頭が悪い　これで今日一日がspoilされるかと思ふ　残念だ　これでは今日一日も身のある勉強は出来まいと思ふ　こんな時には赤倉あたりに行って一日passするのが一番いいと早速決断した。然し第一に向《むこう》ふ一か月間の住居を決めなくてはならぬ　村中を捜しまわる　農家は目下替蚕の最中で室がないと云ふ。止むなく山水亭と云ふ汚ない所に居をかまへる　然しここも不確実ではあるが先約があるといふのでその人が来る迄かすと云ふもし来なければいいと云ふ。小松屋から船で荷物をここに運ぶ　小松屋の子供が船を漕いで呉れる　九時ころから赤倉に向ふ途中妙高温泉に立ち寄って端書を出す　これから少し急な山道を辿る　期待して居た程の広潤景もない至極平凡であると思ふ　狩勝の雄景はない　久体山麓の景に近い　寧ろ後者の方が高原性を多分に具へていていいと思ふ位《くら》いである　唯だ温泉のあると云ふ事を余程の勝味である　■岳楼でことはられ■雲館に入る　渋温泉に行きかけたが疲労して居るのでやめる　湯に入る　比較的透明で気持ちがいい　一泊する積りであったが余り徒然なので分湯の湯にも浸って見たいと思って六時ごろから下山する　林田舘にとまる　理髪する　淫蕩の友とであるあやしくもかきみだされる。然し近頃の田乱だされるのも一時の如き性欲の燃焼によるつきつめたものでない　然し感謝すべき事には打ちかつ。

発信　母重雄（一通）弘雄、神楽町、守田氏、青山氏、

七月三十日。5 ―― 10.5　晴驟雨あり。

午前中に重雄母上、青山渡辺、にあてて通信する　渡辺だけは端書で他は手紙で以ってした。宝光社に散歩し　おの小學校でテニスをする中本金蔵氏に會ふ。少し風邪をひきたる心地がしたので急ぎかへる　午後又いたる　宮本なる医科の人と知る　十五名ほどあつまる　亦《また》例の嫌人的気持になる　荷物は遂に来《きた》らず　中社にて御神楽を見る　ここの神楽は有名なるものである　古めいて居る。可愛らしき少女の舞ふを見て柔らかな気持ちになる　[33]市河三喜を見る　宿に止宿の成蹊中學の教師に明日野尻に行く人があるのでその人に荷物を早く持ち来る様にたのむ　夜同宿の百瀬と云ふ長野師範付属の教員の人とかたる

小學校の先生としては進歩したる男の人であると思った　文科大學の學生でもこの人にまける人が多くあるであろふ　増々勉強するその熱心さには感心した。一体に長野教育界は思想的に活躍して居るとの其の人の話であった。明日にでも荷物が来てくれるといいと思ふが。洋行の計劃など空想した。三十になったら是非行きたいと思ふ。

33）市河三喜《いちかわさんき》：一八八六―一九七〇、英語学者。日本人で初めての東京帝国大学英文科教授。日本英文学会をつくるなど英語、英文学界の発展に指導的役割を果たす。文化功労者

七月三十一日、6 ――― 10（午睡、三時間）

百瀬氏から貸《か》りた石田三治氏著「全トルストイ」をよみかけたが身がのらぬ。ねる。亦も悪夢を見る。身体がどうかして居るのでないかしらと思ふ。こトに悪夢ばかり見ていた日には何も出来やしないと心配する　午後荷物来る　安心した。何も破損していない。宿から画帳をかりて見る　仏語を二頁よむ　どうも頭が盆槍《ぼんやり》していて駄目だ　明日は八月一日、明日から本当に心をしめてかかりたいと思ふ。先づ日課をつくって見る

○　起床五時、（洗面冷水摩擦）

朝食、昼食の後　各半時間の後　勉強　午後三時にいたるHardyの研究、約八時

間也。
○　三時より五時迄、散歩又はテニス。
○　七時から九時迄、仏語の勉強
○　九時から十時迄日記、手紙をかく。十時半ねる。
以上の如き生活を八月の二十五日迄つづける　二十六日かへる。
発信　守田氏　亀雄氏、兄上。

八月一日、5 ——— 10.
一日降ったり晴れたりして陰気な一日であった。Hardy の Tess を二十八頁を讀む。稍《やや》讀みなれて来た。仏語を六頁讀む　少し風邪をひきたる心地す。用臀せざるべからず　一日勉強に日を消したと云っていい　明日も又勉強したいものだ
○発信　溝口、松尾、渡辺、

八月二日　4.5 ——— 10　（一時間午睡）

神よ我が願の正当なるを認めたまへ。人間界に住むものの常として決して決して一原理のもとに生活し得ざる事を余は覚え来れり。少なくとも現在の余の如き余りに不純なものに於いては、余は名譽を愛す、他人と親しむ、旅行癖あり、運動好也、演藝好きなり。余は結婚をなしたし。かかる雑多の欲望のいづれをもすつるあたはざるを知り来れり。されど第一原理を求むる事も矢張り真実也。よりて余は熱烈なる心を以て総ての欲望を満足せしめ自然的に第一原理を得んと努力したし。これ現実の余を救ふ唯一の道なれば也。されば名誉を得んが為めに勉強も真面目なすべし　他人とも親しんで交《まじわ》りたし。交《まじわ》る瞬間は全心を以て又他人の運命を真面目に考えたし　他人への見栄をすてる。旅行もすべし。されど目下日本旅行には飽きたれば世界漫遊の為めしばらく隠慮すべし　運動も適当に自他を害せざる程に於てすべし。演藝もなり　結婚生活には卒業後直ちに入りたしと思ふ。而《しこう》してこれ等の中自《おのず》から価値の差等あるは事実なり。最も大切なるは自己の勉強と他人への奉仕也。而して成丈《なるだけ》自己の勉強と他人への奉仕が融合的境地に入りたしと思ふ。これの達する一の進歩なるべし。近き将来に来《きた》らん事を切に望むもの也。

一日を空費するにたへず仮令《たとい》生理的変調あるも之《こ》れに打ち勝つ丈になりたきも現在の自分にはとても出来ざる事なればやむを得ずよりて朝二時間仏語勉強の後　戸隠山に登山す。八千尺もありなん途中相当に難所もありたり　殊に麓は熊笹一杯にて道狭し　心少し臆したり。頂上近かくにいたるにな■も眺望よし　信濃川の白し飯綱山の後方に見ゆるあり野尻湖の模型同型の如く見ゆるも面白し　山上にありて自我伸長と他人への奉仕（目下家庭の人と親族、友人）を何にも〈の〉にかに誓ふ　跪坐したり　雲行き怪しくなりたれば急ぎ帰途につく　心狼狽す　未だ余の心の弱きを遺憾に思ふ。

奥社前の茶屋にて菓子を食ふ　攻玉舎の生徒の旅に遭ふ　仲々の旅行好き也。顔色蒼白になり居れり。今夜戸隠山に宿すと云ふ　余には途《と》ても出来ぬ事也。

帰宅後Tessを五頁よむ　身にのらぬ。重雄、弘雄（二通）時子叔母から通信あり　重雄落胆し居るが如し　弟の悲境を見て強く愛する心を覚ゆ　人は勝才のもの也　帰心矢の如かりしもこれ等の手紙を見て心に安心を得たり　弘雄二三日内から増富に行くよし　今帰りたりとて何になる。　兎に角Tessを十日迄によみあぐべし　万事はそれからの事也。

受信　弘雄（二通）、重雄、時子叔母

発信　重雄（端書にて。）

八月三日　5.5時――10時、（午睡してもよし）

予定、Tessを六十頁よむべし。実際40P

仏語を二頁よむべし　実際　半P

一日机に向ふ　Tessを57pageから100頁迄約四十頁よむ　大分なれて来た　夕方宝光寺に散歩　京華の商業の生徒と話す。仏語を半頁よむ　この間勉強約十一時間也。天気は比較的よし　郵便の来るなし　稍《やや》淋し。帰心も失せ落着いて勉強する気が起り来たれり

受信　文泉堂（大觀を写す）

百瀬千尋氏長野に去る　一昨日より階下に長野師範附属の小學生男女十五名来る　可愛らしきもの也。林間教授のためなりと云ふ　林間教授は兎も角かかる所につれ来りて自然の大をしらしめ勇の思を興さしむるの基礎なるの故を以てかかる企《くわだて》もたしかに有益なものなりと思惟す。

八月四日　5.5時 ——— 10時、

予定、Tessを五十頁よむべし。

仏語を二頁よむべし

一日霖《りんう》雨霏々《ひひ》として降る　気の昂《たかぶ》らざる事甚《はなはだ》しい　郵便物一通も来たらず淋しい事

限りなし　仏語二頁Tess二十三頁古文前集を音讀する　矢張李太白の詩最もよし。彼の人生観は全く浅薄なるも真率平明なる彼の詩句は愛誦するに足るもの也。少し疲労の底にて勉強も思はしからずやっと七時間半なり　Tessをやっと百二十三頁に達するに過《すぎ》ず明日は必ず捲土重来の勇を鼓して二百迄即ち七十七頁を讀破せんと思ふ。今日は仲々に寒き一日なりき。夕方宿よりどてらをかりてよき心地となる。雨の晴間に夕方戸隠■を散策す可成《かなり》広き■なるを始めて知る　案外也

八月五日　3.5時――10時

予定　Tessを二百頁迄讀むべし

仏語　一頁によし

午後より二三日来の霖雨漸《ようや》く晴れ晴空天空にあらわれ来たる。余りの嬉しさのまま勉強も身のらず即ち宝光社の小學校に至り二時より六時迄約四時間テニスに汗を流す　少しもからだ動かず歯《は》痒《がゆき》事　顕《いちじる》し。Tessを讀む事約二十五頁仏語一頁勉強時間僅かに六時間也。

受信、　母上、　弘雄、　正之叔父。

明日は必ず五十頁讀まざるべからず　必ずよむべし。
夕飯に蕎麦の御馳走あり　一円五十銭にしては仲々の御馳走ある家というべし
戸隠はたしかに勉強にはよき所也。

「卒業論文の執筆のため戸隠山上精進生活の記念
大正九年夏」（本人の添書き）

右の人物が國雄だと推測される。左の人物は不明

八月六日、　4――10

予定　Tess五十頁　即三百頁迄讀むべし

仏語二頁はよむべし、散歩位いはしてもよし　運動はだめ也。

終日机に向かって学びたり　朝の中は昨日の疲労にて身のらざりしが時間の経つるに従ひて増々乗り気になり来たれり　Tessを讀む事五十頁二百頁に達せり。夕方散歩す残念の事はステッキを折りたり。仏語は一頁をよみしのみなり。夜の八時半過ぎになると終日の努力の結果頭ぼんやりとなり来たる。本日の勉強約十時間半也　母上より金四十円送り来る。明日はTessを二百五十八頁即ちTessの半分迄讀みたしと思ふ　五十八頁讀まざるべからず。

受信。母上。

発信　同

八月七日　4.5――9.5

◎予定　Tess五十八頁　仏語一頁。

散歩位いはしてもよし　運動はいかぬ

向ふ一年間半の計劃

八月　―　十二月、①論文終了、②教職につく事。

　　　　　　　　③仏語の勉強。

一月より三月迄、

　文部省の翻訳約五百頁。卒業、仏語の勉強

四月より七月迄

　結婚、Lafcadio《ラフカディオ》 Hearn《ハーン》の翻訳終了。仏語の勉強。

八月　一家族をあげて海岸へ。文部省の翻訳約百五十頁

　独語の開始。

九月　―　独語勉強　創作終了。翻訳約百五十頁

　十二月迄　守田母上等と共に日光に遊ぶ

戸隠に来て以来の快晴である。長野の讀書會とかの戸隠登山で朝から戸外が喧《かまびす》しい

空気は清澄　日影は随分と濃厚である。身がのらぬ。牧場へ散歩にでかける　午後宝光

社の小學に至りテニスを猛烈にやる　四時間もやったので身體がヘトヘトになる　夜は

神原に白石氏を訪ねて旅行の話をする。勉強時間五時間である。

　来信　文泉堂（大觀）渡辺明

八月八日　5.5 ―― 10.5
曇り勝ちであるがそれでも本降りにならずに終った。
Tessを讀む事約五十五頁午後四時から約二時間テニスをする　気が晴れ気持ちよし
これから毎日一時間半ばかりこれをしたいと思ふ　健康の為めになり且つ勉強に役立つ範囲に於て。相当に上達して来たあの仲間では一番上手になったらしい。面白い。この日勉強約九時間半也。
　受信　百瀬千尋
　受信　同氏。

八月九日、　5 ―― 9
　予定　Tess二百七十九頁より三百四十頁迄
　　仏語約一頁。テニス一時間半（晴天の場合）
拮据十年の努力を心に誓ってから丁度一ヶ月になる　其の間近頃にしては可成《かなり》緊張した

生活を送ったけれども未だ未だこれでは駄目であると思ふ。益々心を緊めてかからなくては駄目であると思ふ。ともあれこの一ヶ月の間には色々の事があった　それを切り抜けて来たのを心よしとも思ふ。心に余裕の出来たと共に精神力にゆるみが出てこやしないか。結果の上では返って色々の事をしたけれども。要するに自分は今迄余りに焦燥し過ぎたこれでは効もなし　且つ生活が苦しいのだ　何の為めの焦燥か　幸福を得んがための焦燥ではないか　その幸福を得んと焦る事が返って不幸をもち来こしては何といふ矛盾だ。ここ十年は静かに充分の魂の自然的発達を促す様な生活だ　ある程度迄の自己肯定と（色々の欲望を）統一に至る努力とをせつに許さなくてはならぬ、

この日勉強する事約五時間怠惰の一日であった。

Tessを三十四頁讀む　午後二時から六時迄テニスをする　一生懸命やったので面白かった。夜早くねる九時　次の一ヶ月即八月十日から九月九日迄はもっともっと充実した生活を送りたいと只管《ひたすら》に思ふ。

八月十日、　6――11.5

昨日星が夜に燦いて居たので今日は必ずや快晴であろふと思った。が亦《また》もその望みは裏

切られて雨である。降雨霏々《ひひ》として降る
Tessを55頁讀む。仲々に面白い　熟讀再讀して見たいと思ふ。

正午白石君来る　六高出身の経済の人である　始めあった時は軽薄な人であると思ったが次第にその繊細な所が出て来て面白い　そこが彼の長所であると思ふ。

夕方稍雨晴る　白石君と岡口と云ふ中学生と奥社に散歩した　雨霧も来して仲々に幽邃《ゆうすい》な景であった。日本画の好題材であると思った。Tessもあと二三日したら終ろふと思ふ。早速帰って就職の運動をすべきかそれともあの方は青山氏に一任してjudeを讀みあげて帰ろふかと迷ふ。

近頃は次第に気分に余裕が出て来て家の者周囲の人達に対して温い感情が起って来るのを感ずる　この日勉強約十時間也。

八月十一日、　6 —— 11
予定、Tessを430頁迄よむべし　即ち六十頁。
テニス約一時間半。
今日は一日天気であった。興味が外に向かって机に向かって仲々落着いて勉強などは思ひもよらぬ。朝の中《うち》Tessを十二三頁讀む。午前午後共に庭球に日を送る。非常に面白い　今日は自分ながら緊張して沢山集まった中で最勇者であった事を心よく思ふ。隣室の小學教員三人とも来た。仲々に活気のある青年である。夜白石氏を訪ねる。稍々《しょうしょう》真面目な問題についてかたる。青山公亮氏から来信あり　教職もどうやらあり相《そう》だ。早く帰京して自から捜す必要がある。勉強僅かに二時間である。

八月十二日　6――12

午後二時頃勉強　Tessを約四十頁よむ　午後テニスをする　昨日の後の今日である相当につかれて緊張しない　明日帰京したいと思ふので宝光社にいたり為替を取る。夜白石来る　くだらぬ事を駄辨るので稍《やや》閉口した。守田愿氏から返事あり。六時間勉強。

八月十三日　5――11

今日は愈々帰ろふと思ふ　二三日来今日帰ろふかあす帰ろふかと迷ったが矢張り案の定今日になって仕舞った　午前中荷物を出す。十二時前に勉強約四時間半、Tessを三十四頁ばかり讀む。正午から家を出る。白石、関口の二氏　大久保の茶屋迄送ってくれる。途中写真を白石氏に撮影して貰ふ。隣室の小學校教員の川中畠山両氏家に帰るのと一緒になる　未だ大久保の茶屋に入らぬ前の飯綱山麓を道が迂回して居るあたりは景が小綺麗で公園風の趣があった　大久保の茶屋に四人で休む。餅に力を養ふ。それで白石と関口の二氏はかへる。

自分等二人は例の飯綱の高原を通って信濃川を悠《はるか》に眺望しながら長野に入る　善光寺を一寸見て停車場に向ふ。駅前の藤屋で荷を取り待つこと十分早速飯田町行の列車の人となる。暑い事暑い事一通りや二通りではない　途中、姥捨辺の大觀、中沢あたりからの日本アルプスの遠望は自分の■眼を喜こばしてくれた。上諏訪にとまるか富士見にとまるか飯田町に直行するかこの三つが自分の頭にあって三つながら自分を牽引し迷はしめたが遂に富士見にとまる事にした。

十時富士見駅前の平野屋なる汚ない宿に入る。■になし　蚤《のみ》に相当くるしめられながら夢路に入る。

八月十四日　6 ―― 4.5

起床とともに所謂富士見の大景を■心にしたいと思ったが霧が立ちこめて仲々にそれどころではない　それに一番で立とうと思ふから時間も逼迫して居る　少し駅の附近を散歩する。勿論八ヶ岳も富士も姿を見せてくれぬ　折角来たのにこれでは上諏訪にとまった方が余程ましであったなどと愚痴も出る。七時八分の汽車にのる　車中人ごみでそれに汽車が各駅　各駅停車はするし暑さは暑し少し癇の虫に触って来る。笹子の餅はうまかった。途中無事中野でのりかへて市ヶ谷で下りる　荷物をかついで帰る　青山氏に明日訪ねると云ってやる。家には誰れも居らぬ　神楽町に行って居るので早速行く。案外にも道子友子二人ながら病気であった。少し看護して帰る。重雄は活動に行って留守。髭を剃る。夜亦神楽町にいたり須藤に薬を取りに行く。重雄も神楽町に来る。今度の失敗の事、将来の事、など話す。共に神楽坂にいたり製本をとる。ねる。相当につかれている。九時半。

来信（留守中）広辻、興亡史論。

発信　青山

八月十五日、4.5 ―― 10

予定、Tess 讀了。青山氏を訪ねる。

午前は机に向って勉強した。日記を書いたり通信をしたりTessを讀んだ　午後青山氏に職の事で訪問した。生憎《あいにく》留守であった。断りの端書を出した相《そう》だが間に合はなかったものと見へる。Tessを九時頃讀みあげる。神楽町に重雄と二人で行く　友子稍《やや》悪し　大腸加答児《カタル》の懸念がある　然し元気だ　早晩平癒するであろふ　心配する事はあるまい。この日勉強九時間也。

発信　弘雄。広辻。今井常郎《(ママ)》氏。白石古京。

受信。青山。

八月十六日、　5 ―― 11

予定、Judeを五十頁迄よむ事。青山訪問

仏語二頁。

弛緩した一日であった　机に向ったがどうもやる気になれぬ。やっとJudeを五頁とThe Mayor of Carterbridgeを四頁よむ　約二時間である　青山を訪れて職の方を折り入ってたのむ　重雄と牛込館に活動を見る。

午前中、原田、神楽町本屋、郵便局に行く。洋行費に第一の貯金をする金七円也。

発信。　渡辺、丸善。

八月十七日、6.5――10.（一時間ねる）
机に向ったが落ち着かぬ　こんな時には外の用をするに限ると考へて出かける　神楽町を見舞ふ　両人とも大いによし　文泉堂に鹿子木員信氏のヒマラヤ行を註文した。文科の事務室にいたり成績を見る　総てpass渡辺もpassであった　これで先《ま》づ安心だ。病院に行く。帰る。須藤氏から電話で神楽町の両人を入院さしたがいいと云ってくる　家で看護した方が余程よかり相《そう》なので断る。午睡。
夜、貸家の周旋屋にいたり契約を破棄する　守田氏を母とともに訪ねる　久野昌一氏来る　その元気なのには學ぶべき点があると思ふ。
発信、江部淳夫

八月十八日。6.5――9

午前中　Mayor of Casterbridgeを二十頁讀む。
午後　神楽町文泉堂にいたり鹿子木員信著アルペン行を讀む。彼は愛すべき男である。四時間半學ぶ
受信、今井恒郎。白石古京。

八月十九日、5.5――10.5
午前中に中野の今井恒郎氏を訪ねる　二時間ばかり可成自由の気持で物語る　大分余の性格を了解してくれた様に思ふ。唯だ矢張《たやは》り自分を国家民心を考える志士の様に思はれて居る様で一寸こまった。社会愛や他愛を自我意識の拡張であるべきであると云う個人主義的精神は理解されて居る様だ　兎《と》に角《かく》自分は氏の如き人にあって可成《かなり》にいい印象を受けた職の事については判然としたはきまらなかった。
午後Judeを二十六頁迄よむ　約五時間半、夜　文學のgossip《ゴシップ》に惜しい時間を費した。
受信、亀雄氏。

八月二十日、5 ―― 11.5
受信　江部淳夫、植木安。
発信　植木安。
午前と夜はTessの勉強約八時間四十五頁よむ　相当の収穫のあった日と云ふべきである。江部淳夫氏を文部省に訪ね翻訳の事を依頼する　翻訳は文部省にはさしあたりないと云ふ　然し翻訳に限らず適当の職を心がけてくれる様に依頼した。三年間に洋行費の箋台をつくる事も蓋し非常な熱心と意志力を要するぞ。しっかりしっかり。鹿子木氏のヒマラヤ行来る。その中《うち》讀みたいと思ふ。

八月二十一日、6 ―― 9.5
Tessを二十頁約三時間机に向ふ　重雄と赤坂帝国舘に活動を見る。William Faruisseの「男が血を見たとき」なる作、仲々力ありてよし

八月二十二日　6 ―― 10

頭の心《しん》が妙に重い　暗重な膜が頭を蓋《おお》って居る　無理に努めたが駄目だ。焦燥を齎《もたら》すのみだ　思ひ切って今日一日を愉快に自然と共に暮らす事にしよふ　重雄が独りで多摩川方面に行くと云ふ　もし僕が行くなら目的を変更してもいいと云ふ。然しどうも天候が気にかかる　晴空が見へたかと思ふと忽《たちま》ちにして暗澹たる灰色の空に化してしまふ。安全な天候とは決していへぬが、行へ行へ　雨に降られた時はその時だ　自然の懐に飛び込もふ。意を決して七時半家を出る　山手線で荻窪に行く途中中野でのりかへる。新宿あたりで大粒の雨が車窓を打つのを見たが中野では晴空になりそれも今日一日の晴空を豫想せしめるに充分な天候になった。

荻窪から下車して十町もあるかぬ中にもう汗をかく。可成《かなり》の暑気だ　汗をながすに従って気もかるく朝来の鈍重な気分も晴れ晴れとしてきた　こんもりとした立木の中の豪家があるかと思ふと　牛蒡《ごぼう》、生蕎麦《きそば》、陸稲、粟《あわ》の畑がある　遠方には群を抜いて李《すもも》が盛んになって居る　こんな武蔵野特有の景を眺めながら三宝寺につく。途中　観泉寺と云う綺麗なそれでいて静寂な寺があった　あすこらに居をかまへて翻訳、創作でもしたらと思った東京から近かいのがなによりだ。一時間かからずに家から行けるのだから。三宝寺は平凡の寺、本堂らしい本堂もそなへていない。然し名所丈あって手は仲々に届いて居るのが心よかった。三宝寺の池は丁度寺の北西であって居る。井の頭の幽邃もない　それに東京府の遊泳場ができたのでまるで景をこはしてしまった。まあ十二社の少し大きいぐらいのものだ　似た景だ。
石神井の駅前で昼飯を喫す　持参の握飯《にぎりめし》にハッタイの菓子とサイダー。全くいい気持になった。
練馬の町は面白い　ラスティクの気分が満ちて居る　町は一筋で中央に一間程の仙川水道が流れて居る。そしてその岸に櫻の木がづっと植ってある　家は大抵に平家で而もそれがどう云うものか極めて低い。料理屋、理髪屋などがあっていやが上にも平野の中の町らしい気分をただよはせる。ある料理屋にはこんな所に滅多にない位の女が居た。呑気な生活だ。二年前長谷川とここを歩いた時そのままの姿だ。練馬から高田までの町は案外に遠かった　二里はあった　椎名落合と云う町があった。嫌な殺風景な町だった。女の大學の坂から早稲田を見ると野球の試合があるらしい　早速早稲田の運動場に向ふ途中でソーダ水に渇きをいやす。生き返った。商人達の野球を十分位見て家に向ふ途上で到当《とうとう》靴づれで足の皮をむいてしまふ　痛い　ハンケチで足をまき、そのままに靴をはいて徐行する　神楽町の家を訪ね剃刀を貰ってかへる　鹿子木《かのこぎ》員信《かずのぶ》のアルペン行を讀了す。少しの芸術的風味がない。これも仕方があるまい。この人には無理な注文だ　雨降り来る。夜になると秋らしい気分が段々と出てくる　虫の声もそろそろと聞へ《きこえ》始めて来た　何となく哀情をそそ

られる　この秋はこの秋は充分に心も身も活躍さして二年来の憂鬱の虫を打ち払ってしまいたい　もう自己の道を辿るべきだ　それは平凡の道かもしれぬ　客観的に見たら何等の価値のないものかもしれぬ。然し僕にはこれは最早《もはや》如何《いか》んともなし得ぬ厳然たる事実なのだ　他人を真似て悪るもがきをして暮らさんよりも僕は僕本然の状に徹して生きる事のいかばかり幸福なる事よ。この生は人の為めの生ではないのだ。僕は僕の生活をする為めに生れて来たのだ。

八月二十三日　6 ―― 10.5　晴。

生理的変調だ　もう三週間振りだ　段々僕の心身もnormalになって行くのだ　本当の自分の上に立って生活し得るにいたるのだ　己を信ぜよ。運命を痛感せよ　それからのみ眞の幸福生命は生まれるであろふ。偉大、非凡、天才、そんな事は問題にならなくなるであろふ。

　鹿子木氏のヒマラヤ行を讀む　生命にあふれて居る人であると思ふがこの紀行文はつまらぬものであった。途中でやめる。

大學にいたり結果をきく。ありがたい。Vividな歓喜は感じえられなかったがそれはそ

れでいい　それが僕なのだ　兎に角もうこんな事で生命は浪費したくない。もっと積極的方面に自分の生命を躍動さしたい。神に謝す。

花袋の「山水処々」をよむ　相変らず面白い　殊に「西浦下り」がどう云うものか旅らしい気分を喚起さしてくれた。

飯田町に弘雄を迎へに行く。重雄が昨日の遠足で味をしめて砌りに旅行熱に燃へて来た。水筒をかったり地図をかったり大騒ぎだ　これはよくない性格だと思ふ。どうも支度や外形に走って旅そのものからはなれる傾向はいけぬと思ふ。何事につけても相《そう》だ。Judeを讀了して尚今月中に行へる丈の余裕があったら秩父大宮、三峯あたりに出かけたいと思ふ。然し僕のある心はこれをとめる。とめるは理性だ。勉強の為め。家のため。洋行費のために。

重雄と弘雄を迎へに行く。夕焼の夏の夕は亦となくすがすがしいものであった

塵埃を捲き上げて走る電車も今日と云ふ今日は晴れやかなものと映った。飯田町駅迄で歩く。プラットホームを歩く　門司あたりの地を歩いて居る如き放浪的気分に浸る。七時半着く　仲々元気に見へた　共に歩いて帰る途中神楽町に立ち寄る。雑談。十時半寐る。

（着信）　松尾精一氏。

八月二十四日　5――11

充実し切った生命力の横溢した自分であらしめたい　意志力的情熱的而も總〈聡〉明叡智、溢れ切った如き健康の所有者でありたい　外界一切の事を我と云ふルツボに燃焼せしめ統括せしめて自分の思想をあくまで表現せしめたい。伸びよ伸びよ。小なる拘泥を踏みこへよ。溢る。生命の泉。歡喜の生活。生活とは従来自分の考へた如き苦く拘泥したる鑄型的のものでない。伸びて伸びて自分独特の境地を開展せしめよ　そこにのみ即ち自分に基礎をおいた充実的生活にのみ生命はある　歡喜はある。無限の絶望的自己肯定。

Judeを三十四頁よむ　約五時間。蒸暑い一日であった。午後からは暑さで頭が盆槍《ぼんやり》して充血して居る。熱をもって居る　然しこれくらいの事にまけるか。神楽坂に小包を出す。三人して。ボール。渡辺明氏が手土産を持ってくる。異常な経驗の後の■である。フランクに、拘泥せずにはさくになって来たのはいい　十一時眠る。今日も昨日も月が仲々にいい。ラケット振りと冷水摩擦を始める。

発信　松尾精一氏

八月二十五日、5 ―― 10.5
ラケット振り冷水摩擦例の如し。睡眠時間を短縮した故か今日は幾分身体に疲労を感ず。無理に机に向かってJudeを約二十四頁よむ　四時間也。午後渡辺明氏来訪。共に近辺を歩き心当たりをきゝて貸間を捜すもなし。

白石古京氏から戸隠で撮影の写真来る。痩せて黒く老人染みてうつる。人生の苦闘者思想的苦闘のあと見ゆ。よき写眞なり〈八四頁の写真のことだろう〉。但し少しく力なきが如し。

中島半次郎氏を訪ぬ。重雄の為に早稲田高等師範部の事をきくために。

受信　白石古京

八月二十六日　5.5 ―― 9.5　(一時間午睡)　涼し
一日勉強せず近頃稀な一日なりき。徒然《つれづれ》なるまま写眞の整理などす。母上重雄とと〈も〉に早稲田に貸家を見に行く。長田氏より通知ありたればなり。相当の家なりしも家賃修繕共にととのはざる故なんとも仕方なし。
午睡一時間。道子友子の病気見舞に行き二葉亭の翻訳雑纂《ざつさん》をかり来《きた》り少しよむ。数日来の活動の故にや疲れたる一日なりき　よる古本を弟にうって約二円を得たり。宛《あたか》もJewの兄弟の如しとて笑ふ。現在の自分としてはかかる事もせずしてはいかで洋行費を積み得べき。かかる事もとより少なり　されどかかる事もせずしては也。稍秋らしく涼しくなりぬ。

受信　丸善　　発信　白石氏

八月二十七日　6.5 ―― 9.5　（午睡一時間半）　半晴

無気力努力不能抑制不能の一日であった。

長谷川生方江場の三兄に舊交を復したしと申しやる。約二か月半の絶交であった（相談的の）重雄とボールをする　午飯に麦饅頭を滅茶苦茶に食ってしまふ。一種の努力不能だ近頃は少し糖分が多すぎる様だ　少し節する必要がある。明日は飯能方面に散策　明後日から必死の勉強をしなくてはならぬと切におもふ。支度を整へるために神樂坂に四人で行く。明日は早いから早くねる。

発信、　長谷川、　生方、　江場。

八月二十八日、

三時半頃から半睡状態にてありき　この一年は睡眠も常態に復しエフィシエンシーの上に多大の効果があらわれ来たれり　四時二十分めざむ。支度もそこそこに三人して市ヶ谷に向ふ。天候は近来の特徴にてはっきりしない事　甚《はなはだ》しい。然し多分は大丈夫であろふと樂觀して出かける　保谷、秋津辺の田舎めきたる風景　所沢以西の丘陵地帯など印象されたり。天覧山は手行《ゆ》き届きたる好公園地也。そこより見たる飯能の町は纏まったものなりき。飯能の町豊岡町等とともに替■業地にて富有と見へたり　人品もよく容貌など鄙には稀なるものを散見せり　小児にいたる迄長顔の品よき相を呈して居れり　午飯は豊岡藤沢間の高燥の地に喫せり。藤沢辺にて遂に驟雨に遭ふ。所沢駅迄歩きそこより国分寺廻りの汽車にのりて四時帰宅す。留守中青山氏大谷江場氏の手紙をもちて見へたりと　残念の事をなしたり。神楽町に母を迎へに行く。

日記をかき端書を数枚かく。行程六里なりしも無理あるきをなしたる故にや疲労を覚ゆ今日は早く床につきなんと思ふ　明朝より一週間は本と戰争なり　必ず勝たざるべからず。

発信、　礒江、今井兼之、横山桐郎。青山

八月二十九日、　5 ―― 10.5

午前五時床を蹴って起る。昨日にひきかへ晴天なるべき涼気が漲って居る。ラケット振り冷水摩擦例の如し。

Jude the obscureを讀む　約二十五頁　何んと云っても夏は頭が好調子で勉強しにくいこの秋殊に十月十一月十二月は勉強そのものの如き自分を現出せしめ得るような豫に震へる

神樂坂にいたり九月分として洋行費約七円五十銭を預《あずけ》る。これで十五円になった分だ。九月から月々小使い十五円と本代六円となった　これ以上はやむなき場合の外―当然請求し得る場合の外―は余分に請求し度《た》くないと思ふ。全体で二十一円だから少くとも毎月七円は洋行費として預けられる。

丸善からハーンの「文學解釈」が来たから印と共に渡辺の所に持っていく　渡辺の所で涼しい風に吹かれながら性欲の事、結婚の事、卒業論文の事、洋行の事、職業の事、仕事の事など可成ゆっくりとした気持で約二時間かたる。彼れのために出来るなら妻君を世話したいと思ふ。帰途戸山ケ原を散歩五時半帰宅す。江場盛次氏から返事があった　彼が卒業す迄[redacted]が為めに断交する事にしたいと云って来る。面白いそれならそれでいい。うんと努力して再會の日には自信を持ち得る様な自分でありたい　亦あらしめなくてはならぬと倩《つらつら》に思ふ。決心する　段々と自己の領域も分かり責任感も加って来て仲々安閑として居られぬ様になって来哩《まいる》。愉快愉快。身体もうんと健康にしよふ。渡辺にも冷水摩擦とラケット振りをすすめて置いた。

受信、江場盛次

発信、江場盛次

神楽町に夜行く、墓前祭についての時日を定めるために。九月三日の午後三時に決行に確定す。コヒーの御馳走になる　うまし。

八月三十日、5.5――――10.

昨年の九月から十一月半迄の自分の日記をよんだ　仲々に面白い　そこには何ものかを把握せんと努力して居る情熱的一青年の姿がありありとあら〈わ〉れて来る。文章も単純で情熱があって決して捨てたものではない。あの頃の自分と現在の自分との差のいかに大なるかな。案外の所に道があるものだ　全て軽蔑し切った所にみちがあったのだ。而も喘いで居るときには少しもそれは分からないのだ。実に面白かった。一年もたてば自分の日記も比較的に客観視し得るからでもある。

Jude the obscureを三十頁よむ。残暑で盆槍して原書をよむとなると可成の努力を要する。神楽坂に散歩　状差をもとめる　父上、毅雄《たけお》の改葬の事に関して雑用をはたす。青山を訪ねたが生憎留守であった　職の事に就いてであった　僕等の五高の仲間では青山はものになろふと思ふ。一人位いは学者も出て貰いたい。法学士松本眞一著血笑記をもとめる　氏は本年卒業の人であるらしい　暑さと活動で可成《かなり》つかれる

近頃は人生の大、悠久と云ふ事がし切りに感ぜられて来た　今日も電車の中で一日の勞働を終へて疲れ切った人々を見て実に一人一人努力して各自の道を開拓し行く事実を感得し厳粛、その中に親みのある感じを受けた。都會、都會大都會、そこにのみ眞の人生がある　そこにのみ眞に偉大なる人生の相がある。嫉奴、排擠《はいさい》、争闘、愛、恋愛、それ等一切を含有する大都會よ、本一年よ、実に厳粛な事実だ現実だ。

受信　青山公亮氏。

八月三十一日、6 ―― 11

松本真一の血笑記をよむ　案外詰らなし　されど彼も一個の人物なるかな。中平亮の「赤露の一年」をよむ。

近頃にない暑さである　九十度に近かくのぼったに相違ない。長谷川から来信あり。御殿場に妻と二人にて居ると、行くべき所迄行った。明日要求の金子を送らんと思ふ。理髪すがすがし。何かに追い立てられる様な気で神楽坂をあるきまわる。何かをもとめる一種のデスペエレエーの気持と感傷的の気持ちとで。歩きまわりたるのみにて帰る　よき散歩をなしたるものかな。

受信。　長谷川、礒江氏　青山氏

九月一日、　6 —— 12

神楽坂に到り貯金を引き出して長谷川に送る。数日来の日記を認《したた》む　意志の薄弱の一日である　間食を無茶にやる　腹くちて眠る。

礒江潤氏を訪ね職の事を依頼す　洋行するなら二三年とまたずに来年せよと云ふ　動揺する　これくらいの事は以前から考へて居たのに動揺とは何事ぞ

白山辺のバーにて夜食　生方去次を訪ふ　案外にも居た　彼の顔を見ると亦もむらむらと遊蕩の心が胸を衝いて来る　病気の事、高校失敗で悒鬱の底に彼は居た　この夏は暑さと精神的苦悶の最中に東京の下宿で送ったと云ふ　俺にはそんな眞似が出来ぬ　長谷川のことを聞く。彼を誘って永田を訪ね三人でCafé　elanでウイスキーを少しのむ。亦も起る本能の声。これを無理に抑へて十時家に帰る。危し危うし。十二時迄眠れぬ。

九月二日　6――10.5　雨

昨夜実は訪ぬべきであった大野法瑞氏を訪ふ。生憎留守だったので今晩を約して帰る　僕の興味を牽く沖野岩三郎氏の小説宿命を買ふ。一日臥して一気に讀波する　彼は全く様々の人生を通りぬけた人だ。この本に於いても隠れたる様々の傑物を見せてくれた。一人として詰まらぬ人物は居らぬ。寸隙をも許さぬ人と人との心理的経緯葛藤宿命と自由意志の戰ひ有りがたいありがたい　人生の偉大を倩々《つらつら》と考へさせられる　そして無名の偉人の多いに喫驚す。眞面目に意識しなくてはならぬと倩々思ふ。

大野法瑞氏を訪ね明年四月から明治中學の英語を教へる事を頼む　多分出来るであろふ。もしかしたら渡辺氏のも出来るかもしれぬと思ふ　そしたら万事に好都合である。この由を　―　あと一名同中學校で入用の由　―　渡辺兄に知らすべし　同兄を訪ね留守　明朝来たらん事を云ひおく。兄上の家定る　これで一安心。

受信、　横山桐郎、

（九月一日）追加

倉田百三氏の歌はぬ人をよむ　倉田百三なる人がはっきり姿を見てくれた。今井兼之氏の父君病死との事　新聞の広告にあり　同氏に弔儀と今度の日曜に行く旨を取り消す。大坂に行って留守と思ふので。

発信、　長谷川、今井。

九月三日、　6 ―― 10.5

徒然なるままに明年の大和行のplanを立てる。

（大津附近）　石山寺、粟津原　義仲、芭蕉ノ寺ヲ見ル。（義仲寺）

三井寺、園城寺。彦根―八景亭に宿し彦根城ニ上ル。

今井兼平之墓　勢多ノ橋ヲ見ル。

（京都附近）　金閣寺、銀閣寺、三十三間堂、帝室博物館

豊国寺（大仏）孝明天皇　英照皇太后（？）

豊太閤墓、清水寺、清閑寺、八坂神社、

高台寺　丸〈円〉山公園　山陽墓　智〈知〉恩院、
南禅寺、御所、二條城　大徳寺、北野大神
東寺　大極殿址、仁和寺、大覚寺、嵐山　嵯峨野
高尾、愛宕、鞍馬、（大原）
（宇治附近）　宇治橋　平等院　黄檗山万福寺、蟹満寺、
（奈良附近）　猿沢池、興福寺、春日神社、唐招提寺、
東大寺、大仏殿、二月堂、三月堂、正倉院　薬師寺

大野氏、青山氏に通信　約束通り渡辺氏来る　明治中学の事を語る　意決せぬらしい
然しそれも最後にはきめてしまった　果断に乏しいのが彼の欽点だ　橘南谿《たちばななんけい》の東西遊記
を讀む。母上に来四月迄は是非とも結婚したいとの意向を語る　もし四月迄に出来ぬ時は
或いは外遊するかもしれぬ由を語る　四月には出来よかし。
本郷に名刺をとりに行く　明日は一日父上毅男の事に費し明後五日から十日迄にJude
をよみあげなくてはならぬ。これを誓ふ　約六日間也。
（発信）　大野　青山
（受信）　青山　今井

九月四日、　6.5 ―― 9.5

改葬通知状をかく　瞑目して疲労せる頭を癒す。緊張と美食禁止と運動が身体をよくする最良法だ。故意にOreanを征服する所以であろふ。Orean〈?〉の事は忘れて緊張した生活を送ろふ　これが却って道子、友子の来たらざるは残念なり。一家して青山に到り記念の寫眞並に墓前祭をなす。姉、夜無為疲れたれば是非もなし　留守中、小平、溝口来ると。嵐吹き荒れ、発掘日を七日と定む。

（受信）　長谷川哲平

九月五日、　6 ―― 10　（二時間午睡）

Judeを十頁よむ　亦も捲土重来の暑さ。机に向かって居るとダラダラと油汗が出てくる様な暑さだ。青山、小平の二氏来る　雑談数刻。Jack London, The peole of abyssの翻訳をもとめて少しよむ　誘惑を覚ゆる事仕切り也。亦も吹き荒ぶ性欲の嵐

九月六日　7 ―― 9.5　(三時間午睡)
朝起る。耐へらぬ程くるしい　亦かと思ふと。然し自然的の事だから幾分は諦めやすい一日偃臥《えんが》午睡したりabyssや九月の中央公論を乱讀して終る。近頃は生理的変調が殊に身にこたへる　早く切りぬけたい　粗食と運動と緊張的生活だ。

九月七日　5 ―― 11　晴天。

今日は亡父亡弟の墳墓発掘と云ふ大事件がある。

朝は早くから起きて数日来の日記を認《したた》める　九時から青山に行くのでその間に神田に行って曉星である仏語講習會の規則書を三才社に貰いに行く。仏語研究、九月の新小説を購《あがな》う。

九時青山につく。十二時迄かかる。いやな気持になる　遺骸は兆民式に限ると思ふ　それが出来ないなら火葬だ。土葬は真平《まっぴら》であると感ずる　弘雄来る　自働車で共に代々幡の火葬場にいたる　二時帰宅。横山桐郎氏から来信あり。夜同氏を訪ぬ。頭が盆槍《ぼんやり》して快活に話も出来なかった。新小説の長与善郎の頼朝をよむ。力作らしい　全部よんだ上で感想をかいて見たい。

左から、國雄、信一（兄）、静（母）、弘雄（弟）、重雄（末弟）

もうそろそろ論文の方に懸命になってかからなくてはなるまい　あと三ヶ月半しかないから。日に八時間やったとして千時間あるかなしかだ。今度の論文は始めてのものでもあるから心血を注いで書いて見たい　僕の一生涯英文で論文をかく事は亦とあるまい。そんな所に僕の道はないのだから。

受信、横山桐郎

九月八日　5.15 ―― 10.50　晴天

重雄と代々幡の火葬場に行く。父上の骨を拾って帰る。

余りいいものでもない。大分疲れた。あそこいらの人間は矢張り一番下等だ。人間の運命を笑ふ如き嫌な鈍笑を洩らすのは彼等だ。

九月の新小説をよむ。長与氏の作を期待を以ってよんだが平凡平凡　嫌に構図丈は大袈裟で纏《まとま》らぬものだ。武者のが一寸面白かった。「小喜劇」と云ふのだ。

溝口龍夫氏来訪。神楽町訪問。暑き一日也。

受信　渡辺明

九月九日、　5.45 ―― 11.30　晴天

今日は一日勞働だ。兄の一家の移轉の手傳ひだ　八時から六時迄約十時間。午前は神楽町で午後は番町で昼飯夕飯共にうんと食ふ。帰途原義龍氏に立ち寄る　不知雄氏帰るとあり　明日あたり大學の事につきてききに来らんと。暑き一日也。

九月十日　6.30 ―― 9.30　雨

渡辺氏原氏来訪　原氏のために文科大学の学制を説明す。共に大學に到り雑務をはたす。守田氏を訪ね改葬の次第を説明す　弘雄と縁側にありて未来をかたる　雨なので多摩川行を延《のば》す。実は本日調布あたりに行きそこで十日間ばかり専念に努力して勉強のきっかけをつくる積りであった。それを明日にのばす。しとしとと秋雨降り来って寒い位いだ　これなら出かけなくとも少し勇の思いを起せば家でも専念になり相だ。自由に自分の気持次第で行くなり家に居るなりにしよふ。夜月桂寺迄叔父の骨を取りに行く　どれが叔父の骨か不明である。寺僧によくしらべて貰ふ事にしてかへる。

九月十一日、　6.15 ——

亦も来た来た。生活に間隙と余暇が出来るとそれにつけこむ悪魔め、悪魔の跳梁。淋しい淋しい　何にものにたよらなくては立って行け相《そう》にない日だ。それに秋雨が切《しき》りにふりそそぐのだ。たまらなくなって朝から浅草へ行く。オペラ、活動によって僅かに淋しい心を打ち消すのだ　そして襲ひ来る性欲の嵐、th.〈?〉をあるきまわり淋しい心にあってかへる。

九月十二日

昨日からつづく性欲の嵐どうしていい手のつけ様にない苦しい苦しい　こんな異常の性欲を与へられた事は謝すべきであると共に実に苦痛だ

渡辺を訪ね酒をのむ。共に中央線にのって八王子へ。八王子の町を妙に空虚の心であるきまわる　宿す。デスペエレエートの一日。苦しい一日だ。

九月十三日

非意志的の一日　午後三時頃迄ぶらぶらする　ポカンとした一日だ　帰京　湯浅に遭ふ。

九月十四日
一日無為　床中にありて午睡乱讀。番町に行く。

九月十五日
一日無為　床中にありて午睡乱讀。Krank〈ドイツ語：病気〉からもまぬかれたらしい。まああありがたい。神に祈る。少し咽喉を実《みた》す。

九月十六日
七月十日に誓った自分は二か月とたたぬ内に又仆《たお》れてしまった。よわむしめ。どうしたのだ。これから今日の日から「西暦一千九百二十年九月十六日午後三時半　汝佐々國雄ここに努力的生涯に入るを神に誓ふ。」

最も恐るべきは性欲だ　今日から本年一杯の自分の生活要項を左にかきあげる。いかなる事あるも絶対に守るべき事。

〈注：次頁の表は原文では縦書きだが便宜上横書きにした〉

今日の午後三時半から自分の死ぬ時迄一刻も弛緩するな　不断の努力、石に噛りついてもたたかいたまへ。どうか神よこの弱き私の心が怠惰、妥協、性欲に占領されんとするとき鞭撻し叱咤して下さい　祈ります。願います。

九月十七日から九月三十日迄の仕事。

Maxima〈u〉m七十時間也。注：論文作成に充てる時間

渡辺来る　共に散歩。原田医師に至り咽喉を見て貰ふ　さしたる事なし。學校、なにもなし　生方を訪ふ留守。夜少し勉強　Judeを十頁。

九月十七日

堪へられぬ一日　倩々《つくづく》自分が嫌になる一日　蟄居、地中海前後、新片町だよりをよむ。

もう助からぬと思ふ　俺は弱者だ　感情の奴隷だ　性欲の奴隷だ

1.	禁酒	
1.	禁煙	
1.	禁食	食事は毎食米三盃とす。菓子、水菓子は少量用いてよし。
1.	性欲を増進せしむる食物はこれを廃す	肉食、鶏卵、刺戟性のものはこれを廃す。
1.	攝生	絶対的タルベシ。
1.	水ソノ他ノ飲料モスクナクスベシ	
1.	ラケット振り、冷水摩擦	コレハ体ノ都合ニヨリテヨス事モアルベシ
1.	散歩	随時
1.	旅行並ニ外所滞在ハ厳禁	
1.	卒業論文勉強ヲ主トスベシ　ソノ外、市河氏、スペード氏、言語、松浦氏ヲ受クベシ	
1.	仏蘭西語ノ勉強	学校ノモノヲ中心トシテ。
1.	演劇活動は嚴禁	
1.	睡眠ハ七時間ヲ最大限トシ午睡ハ嚴禁。	

九月十七日	Jude	——	223 — 273.
九月十八日	〃	——	273 — 323.
九月十九日	〃	——	323 — 373.
九月二十日	〃	——	373 — 423.
九月二十一日	〃	——	423 — 473.
九月二十二日	〃	——	473 — 516.
九月二十三日	Harold		1 — 50.
九月二十四日	〃		50 — 118
九月二十五日			
九月二十六日			
二十七日			
二十八日			
二十九日			
三十日			

<table>
<tr><th>日</th><th>土</th><th>金</th><th>木</th><th>水</th><th>火</th><th>月</th><th>時-時</th></tr>
<tr><td>論</td><td>論</td><td>論</td><td>論</td><td>論</td><td>論</td><td>論</td><td>8-9</td></tr>
<tr><td>論</td><td>論</td><td>論</td><td>論</td><td>言</td><td>論</td><td>論</td><td>9-10</td></tr>
<tr><td>論</td><td>論</td><td rowspan="2">市河 18</td><td>論</td><td>X</td><td>S 17</td><td>論</td><td>10-11</td></tr>
<tr><td>論</td><td>論</td><td>論</td><td>X</td><td>S 17</td><td>論</td><td>11-12</td></tr>
<tr><td>X</td><td>論</td><td>論</td><td>論</td><td>論</td><td rowspan="2">市河 18</td><td>S 18</td><td>1-2</td></tr>
<tr><td>X</td><td>論</td><td>論</td><td>論</td><td>論</td><td>S 18</td><td>2-3</td></tr>
<tr><td>X</td><td>X</td><td>論</td><td>辰 19</td><td>論</td><td>X</td><td>辰 19</td><td>3-4</td></tr>
<tr><td>論</td><td>論</td><td>論</td><td>論</td><td>論</td><td>論</td><td>論</td><td>7-8</td></tr>
<tr><td>論</td><td>論</td><td>論</td><td>論</td><td>論</td><td>論</td><td>論</td><td>8-9</td></tr>
<tr><td>論</td><td>論</td><td>論</td><td>論</td><td>論</td><td>論</td><td>論</td><td>9-10</td></tr>
<tr><td>論</td><td>論</td><td>論</td><td>論</td><td>論</td><td>論</td><td>論</td><td>10-11</td></tr>
<tr><td colspan="8">注　論：卒業論文作成、市河：市河教授の講義、
S：スペード教授講義
辰：松浦教授の講義、X：休養</td></tr>
</table>

〈17、18、19：講義室の番号か？〉

九月十八日
もう絶望的の位置にある　お目出度妥協的の生活を排して一か八かの絶望的努力生活に入れよ　何度も何度も自彊を誓って自分に対して恥しいが今月今日を以って宇宙万物に誓ふ「必ずや良心的生活をなす」と

1920. 9. 18

今迄の生活は忘れてしまへ　来れ性欲の嵐、誘惑の手、怠惰、虚無、一切を忘れての盲目的努力だ。「佐々國雄生れて満二十五才五ヶ月二十四日にてここに始めて強者とならんと心から誓かひ且つ努力せんとす」

風邪まだ癒えず頭痛甚《はなはだ》し　されど漫然とすべきにあらず「小人閑居して不善をなす」とは至言なるかな　一切を忘れての努力を誓ひし我れなり　これしきの事にへこむべきやは。即ちJudeをよみ午後風邪を一掃せんため學校にいたりテニスに汗をながす。偶然にも弘雄、不知雄氏もこれに加《くわわ》る　数日来の怠惰に躰《からだ》の動かざる事甚し　場を排しよき心地になりてかへる

我れの學問に従事すべき素質の薄きを知り来たれると共に植民事業に対する考へ切《しき》りに

再燃し来れり　静かにあれよ我がいら立つ心よ　万事は卒業してからの事なり。さるにても植民事業もその効果のみを考へる時は蓋し矢張り意に満たざるにあらざるか　結果は何事も未の未也　事業そのものに没頭するかもしくは広き心に人生を眺め仕事は単に生活の手段にすると考へにあらざれば何事をなすと總《すべ》て意に満たざるべし　Judeを今日は二十八頁よんだ　時間は約五時間だ　可成《かなり》蒸熱《じょうねつ》の一日であった　明日は今日よりもより勉強しなくてはならぬ。午前中四時間あるからその時に三十頁やろふ　夜も四時間ある。その時は二十頁だ　總計五十頁にはなる　これ丈《だけ》は是非やらなくてはならぬと思ふ「これ丈は」である　これ以上は増える丈こちらの都合はいい。それ丈勝つのだから。

九月十九日
午前Judeを十五頁ばかりみる　午後皆なして番町にいたり、改葬通知状を出す。

九月二十日
無為な一日床中にあり亦も吹き荒れニイヒリスティクの風

九月二十一日
昨日と同じき生活。登校、何もしえず

九月二十二日
登校。渡辺と一緒になる　靖国神社を中心として漫歩　カフェーに入りて酒を呷《あお》る　山本正巳氏大本教に入ると　思想界の漂泊児もこれに落ち着きたるか。

〈※以降九月二十三日から二十七日迄の分の順序が逆行している。敢えて原文通りにした〉

九月二十七日
一日無為　全く空虚の一日であった　うんと意志力をふるいおこしてこの空虚を作為的にでもいいから押しのけてやろふ。自分の意志力で押し通す迄はやるのだ　宴然と棚からぼた餅式に宗教的歡喜を望んで居たとてそれは余り虫がいいと云ふものだ。どこ迄自分の無理がとうるか一生涯の意志力をこの数年の間に出し切ってやる。仆れるかそれとも打ち勝つか。午睡例の如し

九月二十六日
一日無為　闇愁　闇愁　晩餐に安達氏夫妻守田氏夫妻高島婦人来る　父上の改葬を送るためだ　酒を呷る。

九月二十五日
これも亦　闇愁の一日であった　夜番町を訪ふ。
帰途バーからバーへと酒を呷ってかへる　武蔵亭に立ち寄る。例の女と話す　少しも綺麗ではないが心のやさしい心地のいい女だ　帰途うち迄送って来てくれる。貴様も馬鹿だな　あんな女と話したってそれが何んだ。お前のなすべき事は外にいくらでもあるのに。
午睡。

昼牛込館に活動をみる。

九月二十四日
久し振りの登校だ。松浦氏とバックに出席す。松浦氏の静的人生観には少しも共鳴しない　勿論それになり切ったが故の悠久たる態度は羨望してやまないが。
午睡。夜、山本正巳氏を中野に訪ねて大本教についてきく。もしも自分にして宗教に入り得たとしたならば動的宗教であろふと心から感じた　自分は山本氏の如き形而上的瞑想的宗教感を有しないであろふ。帰途　渡辺を訪〈ふ〉　留守。留守は寧ろ幸いであった。
亦　酒を呷るかもしれぬので。

九月二十三日
無為、夜本郷にいたりポーリネス教會の天幕大傳道會に行く。ハレルヤを歌ふ　数百の熱烈なる信者を見て感激した。

九月二十八日、7——11 ☼

今日は記念すべき日だ　父上がこの世を去られた日だ　もうあれから満十四年だ　その間に何をした　何もしていない　積極的に自分の仕事をしたか　何もしていない　唯《た》だ境遇に支配されて中學と高等学校を卒業したのみだ　憐れむべきかな。仕事は仕事だ。精神的方面にどれ丈《だけ》の開展があったか　進歩があったか　絶無だ　それなら肉体は　これは亦病気だらけだ　兎《と》に角《かく》この十四年間は失敗であった　過去は過去として葬れかし　これから十四年間　向《むこう》十四年間　俺の四十才のこの年までには必ず必ず驚天動地の大活劇をやってやるぞ。

先づその手始めに卒業論文の作製だ　ああ愉快愉快　多事だぞ　今月を以って新生の日とする。いいかげんの悲哀では歡喜を味はれぬぞ　歡喜を待つより先づ努力だ　努力しても成程大した事ではない　然ししなくては猶やり切れぬのだ。

七時起床　母上に勉強のために鎌倉へ行く事の許可を得る　早く大都會の大字路にありても猶《なお》深山にあるか如き境地に入りたい　然しこれは決して静的状態に入るの意ではない。動的統一境に入るの謂《いい》である　戰《たたか》はんかな時いたる。戰はんかな時いたる。戰ふ　戰ふ。支度をととのへる。渡辺氏に言語のノートをかへしに行く　留守。　牛込迄汽車、十一時二十分の汽車にのりて鎌倉に向かふ。進藤に入る。室は向への寺にきめる　少し淋し過ぎるが恰好な室である。理髪、長谷にいたり眼球〈鏡のこと?〉の修繕。鎌倉は最早や自然としてよくないが矢張り未だどこかのんびりして居る　来て未だ三時間にもならないのに早や神経が鎮ってくるのを覚へるのを見ても明白だ。今日は涼しい　寒いぐらいだ　神よ何卒鎌倉にある間をして緊張して送らしむるを許したまへ。十一月十五日迄もち来たりし七冊の本讀みあげる事をして可能たらしめたまへ。日々の規則をつくる、意力を以って貫徹してやる。

母上、渡辺、富士[redacted]に通信をかく。かくも早く室の目つかりたるを神に謝す。数日の憂愁の後なので可成つかれる　今日は浪荒く堤防に迄うち寄せ来る　嵐模様である。

(日々の規則)。

一、起床六時　就床十一時を以って正態とす。
一、日に洋本五十頁以上は讀むべき事。
一、禁酒禁煙禁間食。
一、日に散歩　必ず一回はなすべし。
一、全然、攝生を守る事。
一、午睡は全然せぬ事。

一、空虚を感ぜしときは散歩もしくは有害ならざる轉換法をとるべし　されど可及的に演劇、活動、小説の類はさくべき事。
一、空想に耽らざる事。
一、大觀して焦燥せざる事　大体に於て勝利を博するを主眼とすべし。
一、目的の本七冊をよみあぐる迄はよしいかなる事あるもここより帰るべからず　但し冬服などとりにかへる時は別也。
一、睡眠は可及的に少なくすべし　始めは七時間位いにて練習せむ。
一、鶏卵は全然攝取すべからず。アルコール分は勿論その他性欲を刺戟するものはこれを廃すべし。但し肉食は少しは許す。（余りに口の淋しいければ也）
一、その日その日に全力をつくし意志的に過去未来に心を配する勿れ。
以上十三個條を論文作成迄（本年中）の日々の生活の規則とす。

◎九月二十九日　6 ―― 10.5（予定）朝六時起床　十一時ねる。
五十頁をよむ。一回散歩。寺にひっこす
四時頃から半眠半睡であった。切りに夢を見た。どうも近頃は夢が多い。働きもせず勉強もしないからであろふ。涼しい淋しい朝だ　細雨がしとしとと降って来る。六時に起る。洋傘を携へて近所を散歩した。どうも鎌倉の自然は印象が薄い淡いものだ　灰色だ海岸に立って暗澹たる海を見やった　一老漁夫が無感情的の顔を海の彼方にやって居る今日の天気を見て居るのだ　彼は蓋し生れおりる時から今日まで六十何年も同じ平凡の生活にあるのだ　人間の生活の様々あるのに今更ながら打たれる。朝飯後九品寺に転居した。寺には六十に余る住職と五十に近かいその妻二人切りだ。国勢調査に記入する事をたのまれた。主人は和歌山の人　妻は戸塚の人である　彼等の生活が想像されるではないか。寺には室をかりて居る親子連れが居ると聞く。主人は朝から体が悪いとて床について居る妻は近所の娘達に裁縫を教へて居る。進藤からは可愛い女中が御飯をはこんでくれる　雨はしとしとと降る　人生の広大なるのに打たれるのだ　人生の相の雑多なる事よ。いかなる事をしても人は生きしいかれるものと見ゆる。然しある人々に取っては相《そう》はいかぬ。ある人々にはそれ自身の絶対的道があるのだ。頭はclearではないが矢張り机に向って居てもさまで苦痛でない　外にこの牽かれ易い自分の心を牽くものがないから。それに境遇がことなった事が何よりありがたい。孤独。孤独。

◎闇愁の夢より覚めて我祈る

今日の一日に幸あれよかし

一日机に向ふ　思ふ様にすすまない　夜の八時頃になると全然からくりが動かなくなった。練習の後にもっと強い頭にしてやろふ。いい頭には練習によってなりにくいかもしれぬが強い頭にはなり得ると思ふ。三時と四時の間は室内散歩約一里、Judeを四十頁よむ予定より十頁少し。漸進的意志力を以て進まんかなである。弘雄に通信す。授業料の事をたのむ八時間半勉〈強〉だ

九月三十日　5.45――11

雨だ　昨夜は篠をつく如き大雨であった。明日晴天なれかしと祈りし甲斐もなく薄墨をながしたる如き曇天である　今日は一日雨らしい雨のふらぬ間にと思って散歩にでかける大町の踏切を越へ松原を通ってかへる　松原にて雨に降らる　昨日に倍する雨だ　頭は相《あい》もかわらぬ鈍重だ　この一年ばかりは少し頭がわるくなった様だ　攝しなくてはならぬそれに大分弱くなった　一つは頭を少しもつかわなくてメランコリーに陥って居るからでもある　これが大原因をなすと思ふ。約六時間半勉む　Judeを三十四頁よむ　昨日より五頁少《すくな》し。

疲れた時には室内散歩と瞑目して時を消す。雨洩り来る。明日は晴れよかし。すがすがしい晴れ空を呼吸しつつ散歩することもないので八時半頃床に入って論文の事将来の事など色々と考へる。雨は愈々猛勢で西風吹き荒《すさ》む　三年前の今日であったあの暴風雨は。あれから三年何もして居ない　徒《いたずら》に年をとるのみだ。これではいけぬと倩々《つらつら》思ふ。久しぶりの勉強の故にや眼冴へて少しもねむれぬ　電気さへ消へて暗澹たるものであった。風が出て来たから明日は天気であろふなどと考へながらいつともなく眠に入る。

十月一日、6.30――11　予定・Jude 五十頁。散歩二回
・母上に通信

昨夜の暴風雨は近来に稀であった　それにひきかえ今日は実にすがすがしい日だ。海岸に行く。伊豆半島、天城山、函嶺《はこね》、富士大山、大島がはっきりと秋晴れの空にうきでて居る。波は荒い　実にすがすがしい朝だ。母上へ結婚について希望をのべる積りで手紙をかいたが一向に纏らぬ　思ひ切って散歩に出かける　昨夜の嵐の事を仰々しく噂する女、子供にいたる処に會ふ　成程そこらの目線は嵐の猛威をいかんなくかたって居る　停車場付近で[34]大杉栄氏夫妻と思はるる男女に會ふ。二人とも沈鬱な飾り気のない風である。長谷の万楽

亭で紅茶とパン。そこで母への手紙をかく。写真を貰ふ事。母上がF嬢に會ふ事。見合いの事など希望としてのべる。

34）大杉栄《さかえ》：一八八五―一九二三、無政府主義の社会運動家・思想家、翻訳家（『ファーブル昆虫記』）。関東大震災の混乱の中、憲兵らに惨殺される

好地由太郎氏の「恩寵の生涯」をかってかへる。よむ。印象を左にかく。

平易にすらすらとかいてあるから讀み過した丈ではさしたる感激も受けないが読後瞑目すると段々とその影響を感ずる。これは一つには氏が率直に自由に平常の通りの気持でこの本をかいたからであろふ。従って■談的に一言にして云へば「かたくなって」かいたからないのであろふ。そして自分は氏の空知監獄に於ける悲壮なる苦闘時代に一番打たれた。殊に独房七年の精進の如き全く驚異にあたいする。恩寵の生涯に入ってからの事は現在の自分とは余りにかけはなれて居るから一つのVisionとしてしかうつらぬ。あゝこの人、何等の希望もなき（普通の意味）生活―無期徒刑―でありながらかくもよくたたかいたるかな。彼の生命力の横溢に打たれる。実に自由に少しの自己欺瞞をせずに雄々しくも一生を歩ける人かな。

自己に飽〈く〉迄忠実なるべき事。生命力に躍動すべき事。この二つをこの本から得たる二つの大なる教訓とする。（了）

本をよみて庭前を逍遥す　寔《まこと》に心地よし　夜Judeを十九頁よむ　明日は六十頁はよまなくてはならぬ　九時間勉む。

十月二日　6 ―― 10　予定　Jude 六十三頁よむべし。

沃をあるく　なごめる朝の景よ。Judeを五十二頁よむ。約八時間也。長勝寺、安国寺、雪の下、大町を散策。性欲の焔炎々と内炎し苦し。これと戦ふ。勝つ。明日非常に努力してJudeをよみあげたいと思ふ　約八十頁。

十月〈三日〉　6.5 ――

平穏の一日。忠実の一日。小坪方面と長谷へ二回散歩す。長谷へは夕飯後。途中ある別荘より女のピアノの音聞こへて心地よかりき。西洋器楽の複雑なる音　愛すべし。性欲的にして亦宗教的のものなるかな。夜はつかれて本もよめず六時間四十七頁也。

弘雄から通信あり。東京も事なしと。先日の暴風雨にて被害は甚しきが如し。

十月四日　6.5 ―― 10.5　予定　Judeをよみあげん。
Harold Childeをよまん。

午前中Judeをよみあげる　これで二冊よんだ　Childeによみかからなくてはならぬ。長谷、雪の下に散歩。万楽で肉を食ふ　雪の下でしるこ。近頃は可成食辛棒《かなりくいしんぼう》になったものだ。

長与氏の「或る人々」をもとむよむ。これは一年二ケ月もかかってかいた長編だ　彼れの不断の熱意と底しれぬエナージーに驚く。かいてある事は分《わか》るけれども少しも牽きつけぬ作だ。矢張りJudeの如き作の方がずっと上だ。あれには人間の一切の問題があらはれて居る。あれをよみ終わって淋しみから涌く愛を感じた。終に近かづくに従って増々緊って人を牽きつける力を持って居る。

十月五日　6.5 ―― 10（-2）
午前中は盆槍《ぼんやり》としてくらしたり午睡もした。
午後　秋葉山へ散歩。約三時間。夜、Far from the Mading Crowdを十頁よむ。

十月六日　6.5 ―― 9
未だ未だ自分の弱い事を見せつけてくれる一日であった。これではならぬと思ふ。全く早くこの汚濁から免かれたい　一日ねたりふらふらと鎌倉市中をあてもなく歩きまわって酒を呷る　みぢめなる我れなるかな。

十月七日　6 ―― 10.5
亦た新生だ　新生だ　これももうだ　びくびくでうんざりして仕舞ふ　然しこんど一度丈《だけ》許してくれ。未だ俺は弱いのだから。酒と女と、煙草と自汚のこの四つの外は許して貰った。気永にやらしてくれたまへ　自分の中心　我が神よ。余りこの僕をくるしめないでくれたまへ　気長に気長に攻めて下さい　それでないと全く形なしにつぶれて仕舞ふから　これからは少し位いの事は許して下さい　我が厳正なる良心なる神よ。十五日の三時頃一先帰ろふ。それ迄の生活は一日にHardyの作物四十頁はよむ事である。

1　七日　40p
2　八日　50p
3　九日　60p
4　十日　40p
5　十一日　60p
6　十二日　60p
7　十三日　40p
8　十四日　60p
9　十五日　40p

それ迄にFarをよみあげなくてはならぬ。これは必ず。

昨日はあんな無茶な生活をした故か今日ばかりに静かな心持ちだ　実に静かな心持ちだこんな心持もたしかにたまにはいいものだ　これが大安心の上に立つ静かならいいのだが精力消耗の上に立つ静さなのだかありがたくもない　然し心持は実にいい　それに天気も寔《まこと》に恰好《かっこう》だ　そんなにいい天気でもなし　さればとて陰気迫る事もない　うすら寒いいい日だ。朝から火鉢に湯をかけながら静かな心持で机に向ふ。新小説の十月号を落ち着いた〈た〉心地でよむ。

古屋芳雄氏の「見果てぬ夢」
これは仲々の作だ　主人の心持もよく分る。一寸な人と言っていいか云いあらはせない複雑した心理だ　主人と主婦に配するにそれぞれの味方（主人夫婦程徹底しない　未だそれは若さが故に充分に自分の個性のあられて居ない）として娘と青年を扱ったのも面白い。全躰として神秘的色彩の濃厚なるがこの作をして一段の重みを加えて居る。
秋田雨雀「国境の夜」
蓋し凡作で余りに書き方が忙しい。
邦枝完二「島屋飛脚屋」
面白しと云ふ外はない。これももっと長く〈する〉必要がある　それにもっともっと明治初年の社會の状態風俗を背景にする場面を沢山つけなくてはいけぬ。然し面白い作ではあった。
生田長江「簒奪者」
鋭い人間性への理解が仄の見へる。
　感想を左にかく。
近頃は一しきりの如く熱にうかされ野心は少くなった。これは性欲の鎮静（勿論以前に比して）と自分に対する自信の薄らいで来た事によるに違いない。一個人のなし得る事業の実に取るに足らぬものであって未だ事業そのものでは決して人間の眞奥の目的でない事がこの頃は心にも感ぜられて来た。勿論時には以前にも倍して野心も燃へる事もあるし性欲だとて仲々に抑へきれぬ。けれども心のどこかに永遠を求むる声、仕事にのみが人生ではないもっともっと確実な鞏固のものがこの人生にはあるのだ、と云ふ声が本当に近い姿となって心に燃へて来た。異〈畢の誤り〉竟今迄の自分は表面個人主義のようで社會に余りに従って本然の自分を虐げて居たのだ。近頃少し萌芽を出して来たこの心の姿こそ眞の個人主義に立脚した即ち眞の自己内心の声に従ふものであって、やがてこれこそ他面真個の社會的性質を結果として持つであろふ。矢張り人間は年を取らなくてはならぬ　年と共に少しづつ心も深く拡大して行くものだ。

　自信の薄《うすら》ぐのは実に淋しい　そこで自分の今迄の向上心もこの自己の才能に対する自誇の上に立ったものであるからこの自信が消へ行くに従って理想心向上心の消へるのも無理はない。かくて全く空虚な砂を噛む様な生活が始まったのだ　そして今も尚その空虚の中にある　無明の中にある　これから無明峠にさしかかるのかもしれぬ。然しここに独りで自分の心の囁《ささや》きを聞いて居ると何日かは絶《すべ》てを失った上に立つ安心からうまれて来るような予感がする。即ちeverlasting《永続的》 No《否定》の上に立つ　everlasting《永続的》 Yea《肯定》の境地だ。実際絶《すべ》てを失った上に立つ安心こそ安全な境地はない。全て名誉も仕事も生も・・・・・その他一

切を　それで今の自分として何《な》すべき事は何か。一切をふりすてて意志的に宗教的境地に邁進すべきではないかと一面に考える。然しこれには未だ未だ宗教心の醗酵力が足らぬのではないかとも思ふ。それで今、自分を最も生かす方法は従来の如く仕事へ（文學的）努力をなし（道徳的生活をなす）ていく方がよいのでな〈い〉かとも思ふ　そして自分がもし運よく仕事に於て成功したらそれでよい　それに仆れた時は——絶望し切った時は——その時こそ宗教的菩提心も今よりもっと嚴粛に真面目になるのではないかと。

午後の今日の生活は疲勞の生活であった　然しこれは止むを得ぬ。　昨日の後の今日だもの。散歩。本屋に行ったがかいたいものなし。日記を書きFarをよみかけたが身がのらぬのでやめる　湯に入り心地よし　明日はうんと勉強するぞ

長谷川寛次郎氏、亀雄氏、渡辺氏に通信す。

十月八日　5.30——10.30

Farの勉強に取りかかる　どうも思はしくない。こころの奥が騒がしい　落着かぬ　切りに人に遭いたい。東京に帰りたい。然しこのまま十五日迄のこらなくてならぬとも考へる。こんな心のstruggleの後兎に角帰る事にした。一方居ても達ても駄目に思へたので。

車中Farを棒讀みに七頁見る　こんな讀み方でも分かるには分かる。長谷川を訪ねる積りで大森迄の切符をかったのだが汽車は大森にはよらず品川迄つれて行かれる　亦ひきかへす　長谷川は居ない　家を出ていると云ふ　母君に會ふ　哲平氏の近況をきく。なかれたり色々しても自分の心は少しも感じない　蓋し自分自身の事のみ思ふ我が心は堅く閉ざされて居る。母君にも長谷川にも同情がおこらない　こんな心がなさけなく思ふ　長谷川もこんな親友を持って心淋しい事だらう。然し今日は特に頭がつかれて居る故かこんなななのだ。僕としては（同情もないのに）こんな事にかかりあっているのは苦しいし亦いけない事だけれども長谷川に一度はあって見たい　家庭との協掟を計ると云ふ様な大それた考へなしに。

帰宅、母上本日熊本に立って、夜弟二人と活動を見る。Farを兎に角よみあげたい。七日の余裕を与へる。十五日迄によみあげる。

十月九日　6――2

Farを二十頁よむ　午後長谷川を訪ぬ。四五時間話してかへる。夜番町ビール。駄辯る二時帰宅

十月十日
疲労、番町、清水谷、午睡、渡辺来訪共に散歩、憒懣の一日。

十月十一日、
兎に角淋しけれども独りにて歩むより外になし　淋しみを他にまぎらさんとせば返って淋しみはますものなり　慎むべきもの、漫《みだ》りなる他人との交友、酒。怠惰。不摂生、遊漁、煙喫、間食、過眠、午睡、美食、本日より一刻即も心をとめてかかるべし。Farを二十四頁。眼鏡修繕。夜　又酒を呷る　武蔵亭にて酒をのみて心にもなき事を饒りて淋しみを胡摩化さんとする意気地なし奴　金沢から来たと云ふ少女あり可愛いし未だ十七才とかにて人にすれざる体に愛すべきもの也。然しただそれ丈の事なり。仮令如何に先方より余を頼るの様を見取し得ると雖《いえど》も余にとりては何等の事もなし　眞に心を牽くものにあらざる時はつかざるに限る也。

十月十二日

昨夜三時帰る。余の酒の強さにもあきるゝ也。

正午迄休息　午後から長谷川氏を訪ぬ　長谷川の妻君も心地よき人なるかな。彼等の上に幸あれかし。心静かに長谷川と語る　心地よき一日なりき。夕食のご馳走になる　荒《すさ》める気も幾分おさまりしが如し。彼は彼の良しと信ぜる道を勇ましくすゝめり　余も又■如として日を消すに忍びざる也。

十月十三日

父の遺骨を東京駅に送る　見送人多数也　嫌に神経質になりてこまりたり　余には所謂交際場裡と云ふが如きなる人数の動物的集合の場所は誠に向かざるが如し　いかなる刻でも精神的にあらざればすごしがたし。帰途番町に立寄り本日の見送り人に礼状を出す。

研究室にいたりLascelles AbercrombieのHardy論をかり中西にいたりUnder the Gicethal vooi tree〈?〉をたのむ。田中米太郎に遭ふ　いやににやけたる風にて滑稽の感あり。生方を訪ぬ　留守。

十月十四日、　六時――十二時

一日偃臥《えんが》宿酔の体である位迄《くらいまで》心的苦痛を感じない　全然空虚そのものである　新潮の古本など乱讀。渡辺来訪　共に散歩す。清水谷方面へと歩を向へる。彼は武蔵亭でのむ事になったので独りだるい身体をひきづりつつかへる　依田、溝口不知雄氏来る。晩武蔵亭に行く気になる　渡辺と少しのむ。少しも気がむかぬので暫時にしてかへる　十二時頃迄弘雄と自分の洋行についてかたる　実に彼は透徹した頭脳と愛に溢れた人間であるといつもながら感ずる

十月十五日、　七時――十時

Chascelles abucrombii の Hardy 論を研究室にかへす。渡辺と共に學校附近を散歩。明日午前十一時二十分鎌倉に向かふ事に決した。日向に坐しながら弘雄と心静かに仕事の事生活の事過去の事などかたる　晏然《あんぜん》とした心地になる　夜二人で番町を訪ねる　道子例の如く空想的の話を切《しき》りにする　大分昂奮の様であった　道子の一生も余り幸福ではあるまいと色々の事を考へる。

十月十六日　　七時――十時

重雄来る　十一時二十分の汽車で渡辺と鎌倉に向ふ　牛込駅迄弘雄と重雄が見送りに来てくれる　第二の鳥居の辺で今年英文を卒業した人と一緒になる　途中かたる　渡辺の室を捜しに瑞泉寺迄共に行く。ことわられる　千手院に東氏からの紹介を貰って行く　いい室がありつく。夜停車場迄渡辺の荷をとりにゆく。酒が切《しき》りにのみたくなる　その心を抑へつける　そんな心は抑へつけて本当の眞面目な良心的の生活に押し進すまなくては自分の一生はSpoilされる　Spoilするには実におし過ぎる自分だ。静かな自信が甦《よみがえ》る　明日からあせらずに徐々と論文にかかろふ。十日間位いかかってFarをよめよ。それで十分だ。亀雄氏から通信あり　武蔵亭に支拂全額の通知をたのむ。

十月十七日　五時半――十時　　雨（うすら寒し）

数日来の飲酒と一昨日の生理的変調のあとなのでさっぱりとした心地にならぬ　朝から憂鬱の雨が降り切《しき》る。渡辺と例の如く詰まらぬ話をして消極的なSpoilしない迄の生活を送る　これでいいのだ。

午後長谷へ散歩　宮地嘉六氏の放浪者富蔵をもとめて夜よむ。あの一少冊によって宮地氏の人物が略《ほぼ》想像出来て面白い　自由な人である　たしかにNaturalである。それで居て強い強い自信のある人だ　あんな生活を三十七八才位い迄もやって而も今日の彼あらしめるのには天分も多分であるに相違ないが自信も随分ある事であろふ
酒が切《しき》りにのみたくなる　飲まなかった丈でも祝福すべきだ

十月十八日　六――八　晴。
からりと晴れた天気だ　頭の心《しん》が疲労して居る様で少し机に向かったがすぐあきあきして仕舞ふ。渡辺も昨夜睡眠不足で迚《とて》も今日は勉強出来ぬとの事だから誘って江の島に行く。長谷で昼食をとる。油濃い天麩羅だ　往復五里あるいたので可成つかれる　夜千手院にいたる　早く寝につく　明日からは最早やいかなる事にも心を逸うさずにこの身はなきものと思ってやろふ。一日一回位い渡辺に會ふ事にして余りあふまい。お互にその方がいい
長谷川父子に各《それぞれ》端書《はがき》を出す。

十月十九日、　晴。

朝から午睡だ　何んと云ふ[redacted]体だ　それで如[redacted]とは。もうだめだ　死ぬ事も出来ないのだ　逗子に渡辺と散歩。あゝこれでいいのか。これが生活か　迚《とて》もこれでは助からぬ。空虚、不満、努力不能。夜は酒。京都に行きたいと切《しき》りに思ふ　寝ても覚めても空虚。空虚なるが故に女を思ふ。

十月廿日。　六——九　曇

この憐れな俺は最早や棄てられた者だ　生存かに幸福はえられないのだ。迚《とて》もこの世では俺は幸福は得られないのだ。これを強く意識して絶望的の気持で努力したい。相《そう》だこの絶望的の所から涌のぼる強烈な意志力を以て。今日は一日休みたまへそして疲労の去った後から必死の勉強にとりかかるのだ　いいかな。このふやけた自分に対する総動員令。盲目の意志。亦二年前のあの禁欲的生活に入るのだ　あの緊張した生活に入るのだ　論文をかき上る迄約百日間　いいか。これは身を以て神に祈るぞ　神に誓うぞ。こんな度は本当に眞心からやれよ　いい加減の妥協はやめて貰ふ。

午後渡辺と半僧坊鷲峯山に行く。稍々寒し

十月二十一日、　◎通信（重雄、姉、道子）◎受信なし。
◎五時半――十時　　◎雨

向ふ一週間の予定　即ち、二十七日迄にFar from the Madding Crowdをよみあげる。今日から少しの弛緩のない緊張的生活を送る事を誓ふ。論文をかきあげる迄はこれを生活の中心として遊ぶときもこれのためになる様に遊ばなくてはならぬ　あと約三日間の精進努力だ。力よ涌け心よ躍進せよ。二三日は渡辺とあはぬ事にする　可成の努力を以て机に向ふ。気がのらぬ。けれどもどうにかやってのける　除々〈徐々の誤りか〉と耐久的意志力を以て勉強してやろふ。午後は殆ど頭のからくりが動かなくなった。室内散歩をしたり新聞を讀んだりして時を費す。約四十頁よむ　約八時間である

重雄、道子友子、姉上に各端書を出す。進藤の賄一日二円と聞いて一寸あきれる。陰雨霏々《ひひ》として一日降る。夜頭を休めに近所の風呂に行く　心地よし。渡辺には一日あわず。相当によき一日を送りたり。二十三日　二十四日には東京で五校の端艇競漕がある　どこが勝つか一寸興味をひく。多分帝大のものであろふとは思ふが。　稍《やや》寒し。
◎　Far. 80p――120p.　42p.　8.

〈Farの八〇頁から一二〇頁まで計四二頁を八時間かけて読んだという意味〉

十月二十二日　（通信）ナシ。（受信）ナシ　（温度）六十八度
（起床）五時半。（就床）十時。（天候）曇天

近頃はどうも夢が多い。今日なども二時頃からあとはづーと夢の見通しである。Ｆ氏の夢などを見る　夢の中で何んとなく懐しい心持がする。甘い奴だ。僕にこの夢を見る事がなかったらどんなに頭がすっきりする事であろふ。小供の時から夢を見ない夜は殆どないと云って差支へない。聖人に夢なしと聞く。心に何の蟠《わだかま》りがないなら夢はない筈であろふ。時々風雨の雨戸をうつ声に目さむ　今日も亦陰鬱な雨の日だなど考へながら又夢路を辿《たど》る。五時半めさむ　雨も晴れる　海岸を散歩。海水が溷濁《こんだく》して不思議の景だ。食後渡辺と散歩する　忠《ちゅう》〈沖？〉濤澎湃《とうほうはい》とは今日の事だ。沖合から浪頭が何段も何段も重なって岸をめがけてひしめいて来る様の壮烈さよ。Farをよむ。疲かれて居る　少しも身がのらぬ。午前中は二時間でやっと十四頁よりいかぬ　それもlooseのもので分かりにくい所はずんずん抜かしてしまってだ。庭の掃除をしたり薪を切るのを見たりして時間を消す。賄料が高くて渡辺が困っているのを見たので少し援助する事にした。

午後渡辺氏来る小坪から逗子への本街道に出て長勝寺に来る。小春日和のいい散策であった　三時からFarをよむ　明日は少し緊めて五十頁は是非讀まなくてはならぬ。
Far. 120p. ――p. 150　30p　6

㊏十月二十三日　（通信）白石　（受信）白石、弘雄　（温度）シラズ
（起床）五時　（就床）十時　（天候）晴

例の如く夢を見る。然し今日は割りに少くなかった御蔭で頭も稍明瞭だ。うんと勉強をやるのだ。Farをやり始める　思ふ様には進まぬものだ　余り面白くない所はぬかす事にした　又役に立たぬ所も。

白石君から通信がある　一寸うれしい気がした。戸隠の生活など思ひうかべる。こうやって独居して居ると何によりも通信が一番ありがたいものだ。午前中は五時間勉強Farを三十頁よむ。

例の如く渡辺氏と逗子の方面へ散策。三時かへる　海岸でランニングとjumpingなど運動をする　総て自分の勝利となる　心地よし。

夜Farを十一頁よむ。今日は運動をしすぎて勉強を少し怠った。明日は運動もいいかげ

んにして六十頁よまなくてはならぬ。
Far. 150p.——191p.　41p　8

十月二十四日　（通信）ナシ。　（受信）ナシ　（温度）六十五
（起床）五時半　（就床）九時　（天候）絶好

夜明に雨戸を叩くものがある　誰かと考へる　弘雄ではあるまいかそれとも誰であろふ仲々に判らぬ。床の中でぐすぐすしてやっと雨戸をあけてみると渡辺氏がにやにやして笑いながら這って来た。昨夜は隣室で夫婦連に「イチェツカレテ」ねられなかったと云ひながら。丁度いい時起されたのでこちらに取ってはありがたかったなどそんな利己的の事を考へる。

散歩　全くいい朝だ　冷気が身にしみて体内の血管の脈搏も強く大きい。胸一盃に呼吸を吸って大股に大地を踏しめる　久しく振りに仕事に対する昂奮、自信、熱情が涌きのぼる。何と思ふ。

海岸で若い犬と共に走る　若々しい生命力に踊って居る可憐の犬よ。

Farを少しよむ。絶好の天候と体内に溢れる青春の活力の為心が躍動してヂットして居

られぬ。渡辺を誘ふて金沢八景でも見に行ふかとなど考へる　結局午前中は海岸を昂奮しながら歩いて過して仕舞ふ　こんな事を考へながら。

「俺は戰ふのだ。眞劍《しんけん》になって意欲す。事に向って邁進するのだ。何をおそれる事がある　何を躊躇する事がある　自分の力を疑ふよりも先づ試みよだ。俺は社會に向って俺の存在する事を佐々國雄なる傑物の存在を高唱しなくてはならぬのだ。社會をして我ある事をしらしめよ。我の前に社會を蹟《ひざま》づかしめよ。社會への船出。社會への抬頭こそ目下の俺の任務だ　それからの事、色々の徳の如きは。十年─二十年三十年─七十年後　俺は段々refineされたものとなろふ。然し目下俺が俺に要求し望み得る事は社會への抬頭についての懸命の努力。驀進《ばくしん》、一向精進。」

午後からはうんとやろふ。Farを少くとも三十頁はやるのだ。二十八日迄には必ずFarを讀了するのだ　約二百八十頁　余日数は約四日間半である。従って渡辺にもこれをよみあげる迄は余り會ふまい　一日に一度くらい。

余りの好天に一年の内一日あるかないかの好天気　而も山は躍動し居るので思はず散歩して仕舞ふ　渡辺と共に長者ケ崎迄往復五里をてくる　森戸神社からの眺望　長者ケ崎の眺望など印象された。自分の幼少の頃、意欲未来などについて彼にかたる　可成昂奮し仕事に対する熱情に燃へる　一か八か来年卒業してから約一年ばかり近在に篭居して述作に従事したいなどと考へる　そして自信を得たら悠然と教職につき除〈徐？〉に述作につく。自信を得られなかった時は何んとか方向をかへる。それには結婚した方がいいかそれともエンゲーヂ丈した方がいいかなどと考へる。愉快。

Far 191p —— 196p（少しぬかす）3p.

十月二十五日　（通信）長谷川寛次郎　（受信）長谷川寛次郎　（温度）

（起床）五時半。（就床）十時。（天候）晴

左は向ふ二週間の予定である　これを実行するには可成の意志力と精力とを必要とする勿論可及的には日々の予定も実行さるればいいのだがそれは決して絶対的に必要の事ではなく二週間の期間中にこれ丈出来あがればいいのである。

今日は可成身がのった　心地よい　天気も亦素敵にいい　昨日今日は本当に愉悦の日である　九時間かかってFarを五十八頁よむ

素敵の収穫だ。祝福された今日の日よである　渡辺と午後八幡の方へと散歩。明日も幸あれかし

端艇にて帝大優勝。帝大なるかなである。

課題	日付	読書計画、頁数	読了頁数	結果判定
Far	25日	197 p－250 p、53 p	58 p	○
	26日	250 p－310 p、60 p	51 p	●
	27日	310 p－360 p、50 p	47 p	●
	28日	360 p－400 p、40 p	28 p	●
	29日	400 p－430 p、30 p	82 p	○
	30日	430 p－478 p、48 p		
Mayor	31日	1 p－60 p		
	1日	60 p－120 p		
	2日	120 p—180 p		
	3日			
	4日	180 p－250 p		
	5日	250 p－300 p		
	6日	300 p－360 p		
	7日	360 p－405 p		

Far. 197p——254p　58p。　9。

十月二十六日　（発信）武蔵亭　（受信）ナシ　（温度）

（起床）六　（就床）十〇　（天候）晴

昨日うんと勉強したためか昨夜は非常に夢を見る　非常に苦しい夢を見る。狂気になった夢を見る。頭が混乱して新見附の辺を歩いて居た自分が突然に溝の中に落ちて仕舞ふ。実に苦しい。丁度あの酒によったときの苦しさだ。Farをよむ例の如し。七時間にて約五十一頁　昨日より稍少し　明日は七十五頁よむ積りである。渡辺に金来る　八幡前の軽便洋食を食ふ　酒がのみたくなる　これを抑へる。

渡辺氏の夢想的性格について聞かさる　性格研究の上にうる所がある。彼は全然感情的（空想的）の人とあって意力智力は欠如《けつじょ》して居ると云っていい。特殊性格の人である事は勿論だ。日本には珍らしい。作物でもかかせたら風変りのものが出来るであろふ。武蔵亭に金をかへす。

Far. 254p——305p　51p　7

十月二十七日　（発信）青山　弘雄　（受信）弘雄　（温度）
（起床）六、半　（就床）十、半　（天候）小雨
弘雄から為替八十円送り来る　こちらから云ってやったのより二十円少ないがこれでもやって行ける。この中から渡辺に補助する事にする。雨降り来る　心落着かず。眼鏡を長谷に直しに行く。即坐には出来ぬと云ふ。為替を取りに郵便局に行く　未だ通信来らぬと云ふ　業腹になる。兄上帰京　母上は二十八九日の由。
Farをよむ　約四十七頁　約八時間を要す　明日は一大勉強をしなくてはならぬ　約七十五頁をよむべし　明後日迄には是非ともFarをよんで仕舞ふ。九品寺にも進藤の都合で今月一杯位しか居られぬらしい　来月からは小坪に行くのだ。少し論文を縮少したいなどと弱い心がおこる。これを抑へる。本をうんと讀んでも讀み過ぎる事はない　語学の足《たし》にもなると思ってやるべしだ。
Far 305p――351p　47p　8.5

十月二十八日　（発信）ナシ　（受信）ナシ　（温度）

（起床）五、半　（就床）十〇　（天候）晴

空は晴れ上って好天気だ　それに温かい事夥《おびただ》しい。身がのらぬ。Far二十八頁。四時間やった丈《だけ》だ。それに比して散歩はうんとやる

朝、長谷へ眼鏡をとりに。為替を取りに。それを進藤に払ふ。庭の掃除、海岸散歩、渡辺と逗子へ。渡辺と夜月明かりの下を、長谷八幡海岸と歩く。

Far 351p――378p　28p　4

十月二十九日　（発信）ナシ　（受信）青山　（温度）稍寒し

（起床）六時　（就床）十〇半　（天候）稍晴曇に近。

今日はうすら寒い日である　帰京の念が勃発する　これをやっと抑へて勉強に耽る。八幡方面へ渡辺と散策す。青山から例の通り元気の手紙が来る。Farを八十二頁よむ。今日迄に是非讀み上げたいと思ひながら約二十頁のこる。明日は早々やってのけて早速The Mayor of Casterbridgeにうつろふ。小坪《こつぼ》方面に相当の家があるらしい　明日定めや《よう》ふ。帰心おこる。どうも判然とした心地にならぬ。

Far 378p――455p　82p　9

十月三十日、　五半――十一半　晴
Farを讀みあげる。小坪の小坪寺《しょうへいじ》に本多忠次郎氏を通じて交渉してやっと手に入る　日あたりのいい眺望のある寺だ。Mayor of Casterbridgeによみかかる　四頁よむ　かへりたくなる　帰った方がよさ相《そう》なので直ちにかへる　これで九品寺はひきあげる事になった。三時十八分の汽車でかへる　大東京の喧噪の荘嚴さを味《あじわ》ふ。夕食後番町を訪ねる。帰宅後遅くまで歡談。母上明日帰京の由。都合至極よし　新潮をよむ　吉江氏の印植末氏、武蔵軒、弘雄から通信あり。象ためになる

Far 455p――756p　21p　1.5
Mayor 1p――4p　4p　1

十月三十一日　六――十〇、晴
稍《やや》疲勞の風あり。長谷川の家を訪ぬ。共に雑司ヶ谷迄散歩。髭などもそって快活になって居る　途中弘中政男氏と會ふ　立ち話をする。長谷川から大學圖書館にあるTolstoyに

書籍をしらべてとたのまれる　請負ふ。つかれ甚し。髭を剃る

弘雄重雄三人にて母上を東京駅に迎ふ。番町から姉、友、道あり。番町の連中母と自働車にて共にかへる　母顔日にやけてさまで疲労の躰なし。熊本の話、親戚の話、改葬の話、結婚候補者の話などとりどりに面白し　候補者については慎重に考へる必要あり　本日はその気持ちになれぬ。夜兄上来る　話はずむ。守田氏夫妻を兄、弘雄、苓亮氏と共に迎ふご両人とも相当につかれ見ゆ。

（通信）植木安氏。

十一月一日　　六、半――八、半。

今日は一日静かに送りたいと考へる。改葬礼状の印刷を本郷迄頼みに行く。一両日は出来ぬと云ふ　四日の午後には出来ると云ふ　百枚たのむ。結婚の事について母上弘雄とかたる　一両日中に下熊する事にした。巧な方法を取って本人を知りたいものと考へる。

市河三喜氏を訪ふ　留守　日光にありと。夜は早くねる　今日明治神宮鎮坐祭。午後は小雨あり　番町から一同遊びに来る。

（通信　長谷川へトルストイの論文、書籍の帝大にあるものをかいて送る）

十一月二日　　六時半――十一時　　晴
市河三喜氏を訪ねる　卒業論文の題目を知らせる　理髪、熊本行を一時延期する　尚よくしらべた上にしたい　礼状通知状のしらべをする。夜　番町に行き馳走になる。
（発信）渡辺、小坪寺、進藤、蓑田、長谷川
（受信）長谷川

十一月三日　　六時半――十時　　晴
村川氏から黒川氏の事につき返事あり。恥辱を感ずる　何んと云ふ意気地なしだ　このうぬぼれもののめ。外から見たら他人から見たらお前の様なものは塵埃にも等しいのだ。悲しい、いら〳〵《いら》する。こんな鈍才にうまれさせながら人一倍の野心を授けて下さるのは実に非道《ひど》い　戦ふ気持も失せた。勉強しても何もこの不能う俺は得ないのだ　勞働者の子として生まれたかった。心を奮ひおこす。
午前中は松田氏の方への事に関して千壽喜《ちずき》叔母との交渉に務める。写真など郵便局にい

たりて送る。文化運動を購求する　宗教體験号と云ふのだ　これをよむ　現代にも実に各種の傑物の住めるを知る。

午後重雄と散歩。學習院に東大京大の野球〈み〉んとしも袴をはいていかなかったので入場し得ない　早布の野球戰を見る　だれて案外詰まらぬ。夜　横山桐郎氏来訪す。大抵迄は譲歩して松田氏のこの話を纏めたいと思ふ　これが現在の僕の精神的開展の唯一の有力な方法であると考へるから。成功を祈る。

（発信）牛原清彦　（受信）蓑内明喜。

十一月四日　六――十〇　晴
Mayorをよみたいと思ひながら机に向ふ気になれぬ。郵便局、區役所と雑務をはたす。本郷にいたり印刷物をとり午後一杯を礼状についやす約九十三枚、医に行くなし。明日は一時的の恥をしのんでも行ふ。早く千壽喜叔母から返電が来てくれかしと祈る。即坐に行くに〈か〉なはぬ時は小坪に籠って一念精進だ。番町にいたり雜務をはたす。
（受信）五高

十一月五日　六――十一、　晴

運動をする。五高に為替を出す。東中野迄往復テクル　散歩がてらに。渡辺氏都合よく居た。かへりは共に歩く。夜共に牛込館に活動を見る。南極探検面白し。牛原清彦氏　留守中に来る。

（発信）五高　（受信）大野法瑞氏[35]

35）大野法瑞《ほうずい》：一八八九―？、西洋史家

十一月六日

運動をする。東中野迄テクッて渡辺を訪ねる　留守　午睡　夜　番町を訪ふ。留守中渡辺来る。

十一月七日

無為　午睡、誘惑に打ちかつ。可成苦しい。夜　弘雄と散歩。熊本からの電報が来るをのみ待つ。
受信　永田、　発信　犬飼氏

十一月八日　　六——一　　晴
千壽喜叔母から手紙あり。母と明後日から下熊する事にした。叔母に打電　郵便局にいたり金をとる。
渡辺氏来訪　共に東中野迄行く。かへりも共にかへる　今晩　鎌倉に行くと云ふ。　夜母と番町に報告に行く。
受信　大野法瑞　　発信　生方、永田、渡辺

十一月九日　　七——九　　曇
昨夜は久しぶりに眠れぬ一夜であった。昂奮と空想の中に三四時間を送る。　新生活の開展の可能は自分を活気づけて来た。東京駅にいたり切符を購ふ　旅の支度をととのへる神楽坂でいろいろと物を買ふ。森口多里[36]の「異端の画家」をもとむ　車中のよみものにし

たいと思ふ。午後は早稲田迄《まで》例の如く散歩す。大野氏からの招きなので夜同氏を駿河台に訪ふ。明中[注]の方を予約し置いた　サラリーは約九十円との事　これなら兎《と》に角《かく》やって行けよふ　一二年あすこで我慢するのだ　夜は早く床につく。

（発信）原氏　　（受信）なし

36）森口多里《たり》：一八九二―一九八四、美術評論家、日本民俗学研究者。岩手県立美術工芸学校長、岩手大教授を歴任。

（注）明治中学校（現在の明治大学付属明治高等学校・中学校）

十一月十日　五時半――徹夜　晴

本日は出発の日である　母と[注]車で東京駅に向ふ　重雄も見送りに来てくれる　車上寒風激しく妙に神経が疲れる　待合室で神経のこぢれて行くを感じた　早くこの神経を癒や〈さ〉なくては、麻痺させなくては。自分の才能を閉ざすもととなるを思ふ。途中無事。車中の人々を眺めて居るととりどりに面白い　官吏あり労働者ありあり軍人ありと云ふ有様だ　而も皆職業によっての人格（？）があらはれて面白い。「異端の画家」もうれしく読んだ　ビアズレ論が殊に胸にひびく。十一月の中央公論もよむ　静岡にて昼飯、夜は食堂にて夕飯をとる。空想が去来して一睡も出来ぬ中に黎明になる。
（注）人力車のこと

十一月十一日　――七半　晴

柳井津から夜が明ける　山陰道〈山陽道の誤記〉を旅していつも感ずる事だが三田尻から下関迄は地図とまるで違って仲々に距離のあるように感ぜられる　十七回目の九州渡[注]りをする　何の感興もひかぬ　亜感覚の有様だ　つかれた故もあろふ。九州線は無事三時に上熊本につく。遅鈍の赤帽と車夫に先づ神経のいらだつのを感ずる。白水館に入る　高見満壽氏来たる　都合よかるべき風なり。頭盆槍也《あたまぼんやりなり》。
（発信）弘雄。守田氏。兄。
（注）この当時は関門トンネルがなく、連絡船による横断であった。トンネルの開通は昭和十七年（一九四二）。

十一月十二日　七、――二　曇

早朝高見氏来たられ今夜千壽喜伯母と母と三人で松田氏を訪ふ事に定む　母と千壽喜伯母を訪ぬ　學校に行きて留守　内海氏に會ふ。井田伯母を訪ぬ　小峰の墓地　姉上の墓に展する。　国友伯母来る　午後宮野先生を訪ふ　留守　西川先生を訪ね一時間半ばかりかたりて帰る　精神的話題にふれて愉快であった。人間の意志力と運命について色々と慰めを得た。矢張り先生は偉大であると思ふ　自分に非常に近い方であると思ふ。顔を剃る

母と伯母を誘ひて松田氏を訪ふ。実にうれしい　非常にいい印象をうけた　あれなら自分には勿体なさすぎる　意想外であった　写真よりも母や兄の話が実際であった　生命力に溢れた充実したfreshの感を与へてくれた　高尚なのがうれしい。頭もしっかりして居る。愛情もある　帰途早速とりきめる　活気に満つ。母も伯母も非常によろこんでくれる　通町を歩きまわる。どうか成功してくれればいいがと思ふ。昂奮して三時頃までねむれぬ　祈る。運命の力の偉大を感ずる　今日は実にいい日だ。弘雄から電報あり別に大した事もなし　隣室の代議士農作善太郎氏とかたる

十一月十三日　七――二、　晴

母に正式の申し込みのために高見氏の宅迄行って貰ふ。吉田校長を訪ふ　留守、五高に

「大正九年十一月」（本人の添書き）

11月の見合いに至る記念すべき写真か

いたり亀雄氏に會ふ。帰途水谷によりおかみさんに會ふ。宮野先生を訪ねる　三時間余り心を[redacted]れさしてかたる　五高には得がたい人であると思ふ。不断に追及して行くその熱烈さ本気さにうたれる　西川先生はこの戰争の渦中からぬけ出で、現世を客觀する人である運命を知った人であり宮野先生は渦中只中にある人である　共に眞摯な人である。松尾先生を訪ふ　留守　夜来るべしと約束しかへる　夜一寸訪ねる

高見氏来りて松田の父君が帰ってからでなくては分からぬが大体の所よかり相《そう》であるとの事であった。井田叔母来る　夜ねられぬ　殆ど徹夜であった。

（発信）渡辺、弘雄

十一月十四日　六——十〇　快晴

八時二十五分の列車にて熊本発八代に向ふ　途中の景澄明にして南国の風あり。車中の人を眺むる　興深し　政党員あり武藝家あり官吏あり商人有りと各自その向き向きの話をなす　面白し。

八代におりて自働車にて日奈久に向ふ　金波楼[注]に入る　鳩山に遊ぶ　千壽喜叔母、井田叔母に通信　湯に三度入る。朗にして長閑《のどか》　実に気楽の一日なりき　夜もよくねる

（発信）千壽喜氏、井田氏

（注）金波楼《きんぱろう》：熊本県にある明治四十三年創業の老舗の温泉旅館で現在も営業中。建物は国の登録有形文化財に指定されている。

十一月十五日。　六半――一〇(-1)　晴

辨当《べんとう》を携へて君ケ淵に行く。純朴なる老女に會ふ。心地よし　午睡約一時間、温泉神社の祭礼を見る。覗めず内　角力を見る　興いと深し　三度湯に入る

（発信）弘雄

十一月十六日　六――10(-1)　雨

天気であれば佐敷に遠足する筈であったに雨でこれをやめる　午睡する　湯にうんと入る　午後温泉神社の社礼に祇■を見に行く　千壽喜叔母来る　A氏の事について相談に来られる　頭のしっかりしたつきつめた眞劍の人であると倩々《つらつら》感ずる

十一月十七日　6——10　雨

三日間の日奈久の滞在はためになった。面白ろかった　自動車にてかへる　十時十八分八代発の汽車にのる　午後松尾氏を訪ふ　御馳走になる　酒を少しのむ　好意に反くのが嫌であったから。夏話しに来る

（受信）姉・弘雄・守田

十一月十八日　六、半——11　曇

松田氏の父君本日帰熊の由　明日位いには面談も出来るであろふ。早く帰京して論文にかかりたいものである　井牛端、米さんを訪ぬ。午後五高にいたり小松倍一氏　松尾、池田の亀雄の諸氏に會ふ。集会場で御馳走になる　千壽喜叔母様小清氏A氏処分の事について来る　寺尾藤渡氏に會ふ。敗残の面影あはれむべし　つとめなくてはならぬと思ふ。井田友雄氏来訪す。夜理髪す。人生の広さ努力なすべき事を■々と感じて来た。やる　やる全心の勇を鼓してあらゆるものにぶつかる　成就する

弘雄新人會の講演會で演説をやると。石川三四郎氏との両人にて。祝すべし　その意気

愛すべし。成功を祈る　僕は卒業に全力をつくしそれからHardyの翻訳に全力だ　やれやれ　何にもにかおそれんやである。酔生夢死こそ唾棄すべしだ　十年、二十年、三十年・・・・・・・・七十年後の俺を全宇宙の人よ刮目して見るべしである。

留守中亀雄氏来ると。■れ、千壽喜叔母さん来る　余りひまなので葉書数葉をかく。

（発信）宮野先生、西川先生、池田氏、

十一月十九日　9――12　晴

もう論文提出迄七十日もない　早く話をまとめて帰京の上　全我の力を集中してやらなくてはならぬと思ふ。滞熊中の礼状を出すべき人をかいて見る　千壽喜、高見、井田、砂取、牧、村井、上野、亀雄、松尾、松田（?）、宮野、西川、池田である。
中秋の晴天である　安閑として消日すべきでない。健康の為めにとも思って母と本妙寺に行く。佐々、國友二家の墓に展す。[37]松原象雲氏を訪ね書飯の馳走になる　努力的昂奮が胸を衝いて上る　戦うべきかなである。東京にとどまって語学は英、仏、伊、独、エスペラント、翻訳、創作、精神修養に集中したい　貴い一生だ　敗北してたまるものか　胸が躍る　やろう　やろう　何ものにか我敗せんやである。

37）松原象雲《しょううん》：一八七三―一九三一、彫刻家、代表作に加藤清正公塑像（八景水谷公園内）

帰途加藤社に參ず。

本夕松田父君と會ふ事になった　亀雄氏　村井氏　高見氏　深水氏夫妻来る　午前中留守中には井田伯父、国友伯母も来ると。

松田父君と會ふ。よく理の分る人であると思ふ。話も承諾し下さり呉れ《くれ》〲《ぐれ》もたのみになった　複雑した感情の去来するを覚へる　帰途明午橋《めいごばし》畔迄送ってくれた率直なかざり気のない人であると思ふ　明午橋で分かれる　家迄送って行けばよかったと後悔した。守田弘雄兄に打電する。

今日は実に僕の一生に取って忘るゝ事の出来ぬ日である　神に祈る　増々自己の責任の重きを感ずると共に努力の必要を切に感ずる　皆《み》んなの期待に反した自分でありたくない一種の昂奮の去来するを覚へて夜半迄ねむれぬ。明午橋は実に僕に取って大事な橋となった　僕と云ふものとこの橋とは縁の深いものである事を知るのだ
（発電）守田、弘雄、兄

十一月廿日　6――11　雨

小雨であるが暖気ではある　今日中に親戚をまわる必要がある　明後日には是非とも帰る必要があるので。車にのって高見氏千壽喜叔母とまわる　叔母　Aの事について奉天迄行くと云ふ　実にしっかりとした人だ　烈婦とでも云ふ種であろふ。将来の事について滾々《こんこん》と教訓を与へて下《くださ》った事を厚く謝さなくてはならぬ。水前寺にいたる　干城叔父も案外丈夫であった　寄宿舎により樽酒の準備をする　井田氏、松尾氏をとう。亦　車にて上野氏、牧氏、村井氏、深水氏による。平山岩彦氏、松尾氏来る。井田氏老夫婦、高見公次郎氏、千壽喜叔母来らる　心ばかりの饗応をする　松尾さんから米原迄御嬢さんをつれていってくれとのおたのみであった。

（発電）兄、（受電）兄から二通、守田氏

十一月廿一日　6――11　晴

朝食前に松尾氏を訪ね例のおたのみ承諾の意をつたへる　明日御連れする事になった。松田父君来られ饗応する　砂取の叔母も来る。午後切符をかいに行く。沼波氏の満鮮風物記をもとめる　是非今夏は二人で旅をしたいと考へる深水氏を訪ふ。留守。御奥さんに逢ふ。

夜　松田氏を訪ふ。母と高見氏と三人で饗応になる。愉快なる一夜であった　ご両親、郁子と盃をかため曾祖父、弟君、妹君とも會ふ　愉快也。帰宅、母君　郁子の両人土産をもち来る　圖書舘《としょかん》傍でこれを送る。漂々たる喜び胸に満つ。運命なるかなである　運命なるかなである

十一月廿二日　7——9　晴

内海氏、高見氏、井田氏、松田家に礼に行く　明午橋畔に父君に會ふ。友雄氏、深水の奥さん、お光叔母さん来る　午後一時二十三分上熊本を発す。郁子、父君、母君、高見氏、松原氏、松尾、[redacted]人精一先生、松尾又八、茂氏の母君　見送りに来る　郁子と暫時の分《わかれ》をする。

門司にて都合よく牧野只子、直房に會ふ。三田尻辺より夢に入る

十一月廿三日、6——11.5　小雨

昨夜よくねむりたり。姫路辺よりめさむ　途中いくたびだかねむる　車中の人々とりどりに面白し。八時二十五分東京着。兄、姉、弘雄重雄並に松尾氏からの迎人二三来る　自働車にてかへる　守田の奥さん来られ夜十一時迄かたりてねる

十一月廿四日　7.5　小雨

荷物の整理。留守中の訪問者　青山氏　通信　湯地敬吾、本田絢子、青山　渡辺、歴史會　中原からあり。深水氏、中原　青山、松尾精一、高見満壽、國友千壽喜、松田鶴彦、郁子、幹夫、邦彦、貞、曾祖母、正之叔父に通信　その他先日かきし十一枚の端書も出す。兄からの饗応になる。

十一月廿五日　6.5 ―― 12　(椅子によりて一時間ねる)

明中の大橋留治氏に會ふ。月給九十円、二十一時間　三年級と決す。中原に本郷坐で會ふ。大学に行く気になれず西牧氏に健康診断をして貰ふ。異常なし。番町による。荷物を纏め鎌倉に送る。三河屋に弘雄からの馳走になりに行く。帰途番町に

より遂に鎌倉に立ち得ずしてとまる。

（受信）青山、長谷川　（発信）青山。

十一月廿六日　7――7.　小雨

十時十五分の汽車にて東京を発す。十数日来の奮闘の疲れ身にあらはれ来る。正午着渡辺を誘ひ小坪寺にいたり。荷物をかたずく。散歩。渡辺に郁子の話をする　夜はつかれて早くねる。

（通信）文泉堂。

十一月廿七日　6　快晴

疲労の故であろふ　二日かも生理的変調を呈した。夜　窓側のトタンを打つ雨の音にめざむ。郁子の事を考ふ。判然とした印象が起って来ぬ。

郁子、長谷川、母、兄に通信す。渡辺を訪ふ。空気清澄で富士の白雪を戴いた姿がはっきりとうきでる空気は非常にいい。十数日の奮闘によって疲れた頭も落着きを得て来たのを感ずる。長谷へ散歩す。温暖の一日であった。風呂に入る。疲労もとれてすっきりした。
明日から懸命の努力的生活に入るのだ。

十〈一〉月廿八日　(予) 6 ―― 9　晴

(予) The mayor of Carterbridge　4 ――43

午前中はみっしり勉強する　久し振りの勉強で様子が少し変んだ。調子がのらぬ。二三日もすると稍《やや》いいだろふと思ふ。

午後渡辺を訪ふ。二人して小坪と逗子間の景勝の地を探る　仲々に勝景である　稍つかれる。郁子と共に来たい　郁子にもこの景を見せたいと考へる。三時半から而も勉強にかかる　一生懸命と云う境にいたらぬ

Mayorを予定通り讀んだ。約八時間である。

十〈一〉月廿九日　6 ―― 10　晴

(予) Mayor　44p ―― 102p

今日位《くら》いは郁子から通信があり相《そう》なものだ　昨夜から哀感が胸を襲ふて孤愁の感が犇《ほん》口に■するのを覚へる。

午前中はすすまぬながら勉強。からだの調子悪し■らが心配になる　勿論相でないと思ふが。寒い日だ。

午後渡辺と長谷へ散歩。風呂に入る。郁子を思ひ孤愁の感切りである。淋しい。つとめて勉強一〇二頁迄よむ　約五十八頁也。七時間半である　明日はうんとやる。やらなくてはならぬ　一百六十五頁迄はよむぞ。

（彼女との最初の対話）（千九百二十年十一月十九日午後八時半頃の事）

暗い士族町を自分は彼女とその母君と妙に落ち着かぬ心地で歩いた。ともすると沈黙に　眠いのをつとめて妨ぐために。母君はいろいろの事を話しかけてくれた。然しどんな事を話しかけて貰ったが一向にはっきりとは思ひ出せない「こんな風に三人して肩を並べる事の出来るとは少しも考えられなかった。実に縁だ」と云ふ様な事を話された様に記憶する。とある曲かどで母君は一寸親戚によるからといわれて右に曲がられた。自分達は真《まっ》直《すぐ》に歩いた。一面に変ルうれしいくすぐったい心地で。

四五軒は実に堅ぐるしい沈黙であった　何かいいたいと思った　云はなくてはならぬと

思った。然し妙に口が堅くなって一言一句もいわれなかった。

最初に口を切ったのは彼女であった。而《しか》も素敵な言であった。彼女は「ねむれませんでした」と云った　ありがたい言葉だ。信頼し切った言葉だ。どうしてこれが全くの他人からの言葉であろふ。ありがたい言葉である　自分はこれには答へられなかった　妙な笑を以てこたへた。彼女のアクセントが純熊本式でもなく亦《また》東京式でもない所に彼女の苦心のあとをも思ってうれしくもかいがいしくも面白くも思った。自分達は次の曲角《まがりかど》を右に曲がった。彼女はそれをさけようとした。そして「母にあうから」と云った。全くに信頼してくれているのだ。

ぽつりぽつり不自然ながら話は進んだ　内面落着いて外面は妙にうれしい心持で。彼女が痩せた事、それを家のものから云はれた事、見合いの翌日申込みのあった時は意想外でおどろいた事、見合いの翌日泉鏡前を通って見た事、来年の三月がまち遠いことなど実に率直に少しの嫌みなく話してくれた。

都にはない率直な自由なNaïveな女であると倩々《つらつら》思った。自分はそれに論文の事、卒業試験の事、口頭試験の事を話した　そして彼女の期待に反して居るかもしれぬのを遺憾に思ふとつけ加へた。彼女は自分を鼓舞してくれた。明午橋に行く風呂屋の側で三人の書生にあった　粗暴の書生の様に思った。自分は彼女を庇《かば》ふ気持になった。明午橋を渡った所で自分は彼女が明後日駅まで送ってくれるように頼んで辞気をして分かれた。非常に勇んだ気持ちで大地を踏みしめて。そして坪井の局で兄と弘雄と守田さんに打電した。

(1920.11.29)

十一月卅日　6——8（予）102P——165P

惰弱不気力の一日也。無為にして終る。散歩と不平と自己嘲笑の悲しき一日なりき。いかにしてかくは弱き。

十二月一日　7——9

これも亦自己嘲笑の一日なりき。暗愁孤独。佐藤春夫の小説などよみ僅かに逃避をなす。力よ躍れ。涌きのぼれ。

受信　貞子

十二月二日　9――10

今日から向ふ五日間必死の勉強。五日間にてThe Mayorをよみあげん。決して渡辺氏を訪ふまじ　先方より来るときは少し散歩せんも。心緊《しま》る。勉強も相当に愉快に出来た。午後こちらから矢張り渡辺を訪ふ。勉強が第一也。勉強の出来るためにはその他の事許ことす也。それに惑溺せざらん事を期せば即ち可也。

The Mayorをよむ　七十頁　時間約九時間也。海岸にて漁夫の子供等とかたる。その獣的なる驚くばかり也。Monsterの感なくばあらず。今日は二日　六日迄にはMayorをよみあげん。それからThe return of nativesを十四日迄かかりてよまん　十五日から筆を取るべし。郁子から少しの信りなし　淋し　貞ちゃんから通信あり　必ず近日中に来らん。

　発信　　弘雄。牛原。

十二月三日　　6

いつも暁になると冷気を覚へて蒲團《ふとん》をひっかぶるのに今日はいやにあたたかい　それもその筈だ　雨が切《しき》りに降って居る。冬になると仲々に朝床は恋しい　今日も五時半頃めざめながら起床したのは六時であった。The mayorを讀《よん》だ　雨で室内が暗いのとトタンに落つる雨の音に妨げられて仲々に勉強が進捗せぬ　郁子から手紙が来る　あの率直な可憐な我が妻も手紙となると角張ると見へる　未だ何んと云っても二三回あったきりであるしそれに未だ少しもお互に知らぬので書く事も少《す》くないのであろふ。僕とても同じ事だ。可憐の我が妻よ。丈夫で居て呉れ　今に幸福な女にしてあげる。これからもちょいちょいたよりをおくれ。

渡辺を訪ふ。先日も今日は非常にDepressして居た。仕事が手につかぬと見へる。僕としても同じ事だ。共に風呂に入る　誰も入って居ない。今日はいの一番だ　気持ちがいい。郁子と守田さんに手紙と端書を出す。今日はいゝ日だ。郁子からの初たより。夜、The mayorをよむ　朝から八時間勉強して約五十一頁　昨日より成績悪し。明日は十時間八十頁よまんかな。

受信　郁子、　送信　郁子、守田氏、広辻

十二月四日、　6.5 ―――― 10.5　曇

午前中は暖し。少し疲れて居るので散歩。十時頃から勉強。午後渡辺を訪ふ。午後から

稍うすら寒し。近頃は勉強になれて来た。比較的落着いた心地で勉強が出来る。三百頁迄よむ　約八時間七十一頁。成績よし　明日は全体よみあげる積りである　約百七頁也。

受信　　正之叔父

「鎌倉小坪寺にて卒業論文に苦しめる時
大正9年12月」（本人の添書き）

十二月五日　　7 ―― 11.5
つかれて居るがしっくりと落着いて勉強の出来るのが何より嬉しい。精力も過剰を来たさず実に調和のとれた日が續《つづ》くのを謝する。
渡辺を訪ふたが東京に帰って留守であった。留守中にうんとやらなくてはなるまい。
The Mayor をよみあげて The return も二百五十頁位い迄はよんでいよふ。スタインナッハ教授が若返り法と云ふの事を発見した相《さう》だ。大発見だ。僕もうんと攝生して長く働かなくてならぬと思ふ。郁子から手紙来る　卒直に書いて来たのをうれしく思ふ。僕は今勉強するときだ。心の落着いて居るのをありがたく思ふ。
風呂に入る。九品寺を訪ふ。菓子の馳走になる。
　受信　母上、千壽喜叔母上、松田の母君、郁子、亀雄氏
　発信　兄上、松田の父君、郁子、貞子、
六時間半にて約七十二頁。

十二月六日、　9 ―― 10
疲労甚だし　Mayor をよみあぐ　午後散歩約一里。The return of Native を四十頁見

る　両方にて約三十時間七十七頁である　尤《もっと》も大分抜《ぬか》した。郁子に原稿紙十枚ばかりの長い手紙をかく　愛する者よ。幸あれかし。勉強六時間也。

通信どこからもなし　野坂氏帰坪。

（発信）郁子、牛原。

明日は百五十頁迄よまん十時間。

十一〈二の誤り〉月七日　6――9

寒い寒い日である　雨から霰、霰から雪となる　一日中降り通す。夜は電気が来ぬ。一夜を休息す。

The Nativeを百十五頁迄よむ　六時間である。

（発）弘雄、（受）弘雄

十一〈二の誤り〉月八日　7――10

愛する郁子よ。段々と自分の心が牽きつけられて行くの感ずる自分のこれが傾向だ。そろそろ自分がエクスパンションしたものである様な気がした。自分の心の動き方は遅い。手紙来らず待ち遠し　明日は来るであろふ。いいたよりを寄して下さい。午後八幡迄散歩。風呂に入る。渡辺未だ帰らず。大分疲れて来たのを覚える　郁子の夢を見る　あの夢見る様な可憐の姿を。

The returnをよむ　約七〇頁　七時間である

（発）郁子　　（受）幹夫、邦彦、牛原。

十一〈二の誤り〉月九日　6 ―― 9.30.

雪間《ゆきまじ》深る風が寒い。ほかんとして居る。止むを得ぬ事だ　一日郁子からの通信がない。淋しい。午後逗子の郵便局に牛原からの本を取りに行く　来て居らぬ。洗濯物をする　生れて始めての仕事だ。寒い寒い。渡辺を訪ふ。帰って居た　共に風呂に入る。午前中四時間 The returnをよむ　約五十頁lookによむ。明日は多分郁子から通信がある事であろふ。五日に来た切りであるから明日は一つしまってやろふ　八時から三時迄六時間、六時から十時迄四時間　都合十時間百五十頁よむとしよふ。いいかな。戰ふのだ　十一日迄によみあげて十二日に一寸東京にかへり十三日から執筆とするかな　夜は頭休めに住職野坂氏と

火鉢をかこんでかたる

〈受〉渡辺氏

十一〈二の誤り〉月十日　6.5――10.

二三日来の寒気に比すると稍暖《やや》かい。どうも睡眠が多すぎる　せめて七時間睡眠の習慣をつけたいと考へる　七時間睡れば充分であると思ふ　それ以上は返って有害であるが意力が弱くて矢張り八時間九時間も寝てしまふ。これではいけぬと思ふ。日本社會主義同盟の成立の記事が新聞に見へる。仲々活動して居るな　俺れも同人会等に負けずに俺自身の道に邁進するぞ　十年二十年――七十年後の俺を見よだ。それにはからだが大切だ　精神の活動を永久に継続せしめるためにスポイルしてはいけぬと思ふ。結婚生活に入ってからもこの点はよく考えなくてはならぬ　不摂生は家庭生活を不幸ならしめるからでもある。愛する郁子をして生命力を浪費せしめたくもないからでもある　愛する妻のためにも自分は飽迄《あくまで》も戰かなくてならぬと思ふ。年にへこたれずに邁進するのだ　ああ荘厳なる人生の行進曲。一切の矛盾撞着を包括しての統一よ。喧騒、活動、排擠《はいせい》、愛、家庭、物質、精神、――一切を包だ大都會の荘厳さよ。都會にこそ人生はある　貴き人生はあるのだ。

The returnをよむ　二百四十二頁から三百五十四頁迄、約九時間である　相当に努力した日である。それもその筈《はず》だ　愛する郁子から手紙が来たのだもの。可憐な一切を信頼し切った純な乙女心に背かぬ様な自分でありたい。あゝこの清い情熱的の心をいかにしたら満足さしてやり得よふ。自分も真面目に出来る丈の事はしてやらなくてはならぬと思ふ。愛する郁子。私の鈍い情熱を許してくれ　僕のは心の働き方は遅いのだ　然し今に献身的の愛を以てあなたの愛に報ひ得よふ。午後渡辺来る　共に散歩す。大分、デプレスして居る様だ。牛原氏から未だ本つかず　気にかゝる　明後日はかへる積りだ。

（受信）　松田の父上。郁子。

十二月十一日。　7——10

多夢であった　どうしても頭が盆槍《ぼんやり》して居る。午前中と夜The returnをよむ。英語をよむ。英語をよむと云ふ事が一向に苦痛にならなくなった。語学は矢張り慣れる事が第一であると思ふ。僕は語学の才能が余りある方ではないから英語と仏語をマスターしたらそれでいゝと思ふ。沢山やったとて何になるものか　来年一杯仏語を懸命になってやってのけるぞ。それでいゝのだ　充分だ。亦必要にせめられた際には外のものもやるさ。午後渡辺氏と散歩。今日仲々に元気だ　執筆に取りかかったらしい。緊張すると云ふ　さもありなん。
牛原氏から本三冊送り来る　厚く好意を謝す　大分為《た》めになり相《そう》である　明日は東京へ。
東京行の金をつくる。勉強七時間である
（受信）牛原。（発信）牛原。

十二月十二日　6 ―― 10.5
まだThe returnをよみあげぬが一応かへって安心する必要があるので六時五十分と云う列車でかへる　朝飯は大船で。大学に行く　Hも圖書もともに休み　少し落胆する　郁子を思って勇を鼓して東中野にいたり渡辺からのたのまれものをはたし西村によって安心を得　番町による　母、重雄も来て居る　弘雄は荷物をもって本朝小坪に来たと云ふ　落胆した。いつもながらの心切を謝する
兄に渡辺からのたのみをたのむ　帰宅、結婚の先方の費用についてかたる　五万円位いにしたいと考へる　弘雄かへる。つかれ甚だし　夜年始状をかくに手傳《てつだ》ふ。
（受信）小田、村井信実、上野寅彦

十二月十三日、　5 ―― 8
文泉堂によって郁子の送物として渡辺氏の「婦人に勧めて」をもとむ　圖書舘にてうつす。Hにより十二時四十五分の列車にのってかへる　三時帰坪。

郁子から通信あり。うれしくよむ　くりかへしくりかへし十回位よむ　可憐なる妻よ。

渡辺を訪ひ弘雄から昨日来た御馳走をともに食ふ　つかれて居るので早くねる　少し食いすぎた故か夢を多く見たり。家から電報あり　杉田氏が手紙は少し控へてくれと故ありて委細丈とあり。

（受信）郁子、広辻、守田専心氏

十二月十四日　6.5 ―― 10
昨夜うんと食った故か昨夜は夢ばかり見る　頭が盆槍《ぼんやり》して居る　それに腹をこわした二回程下痢をする　毒消丸をのむ癒る。今日は勉強する気にもならぬ。年始状を百六枚かく。母上に二通、弘雄に一通、郁子に手紙と本を送る　午後下痢の故か力がないので少し床につく約一時間。怠惰からの午睡にあらざる也。

（受信）母上、（発信）郁子二通、母上二通、弘雄

小坪の風呂に入る　心地あし。明日から執筆　うれしいやら心配やら恐ろしいやら。向ふ約四十七日間。幸あれかし。手紙かきに九時間を勉強。端書百七枚、手紙四通、小包一つ。

十二月十五日　6.5 ―― 11.5　快晴

Return とHardy付をかく。

午前中四時間かかってThe return の残り約四十頁をよむ　郁子さんから手紙二通来るエクサイティングでない丈《だけ》しんみりしたいい手紙だった　感謝する。午後渡辺と散歩、長谷へ。剃刀をかいに行ったがない。風呂に入る　野村氏と一寸玉投げをする　夜　可成《かなり》興にのってHardy傳をかく　始めは活動でも見に行くかと思ったが郁子さんの事を考へてぢっとすへて勉強。兎《と》に角《かく》うれしい。約六頁かく　好成績である　勉強約全体で八時間半である　年賀状二通を出す。

（受信）郁子（二通来る）

十二月十六日、　6.5――9.5　（予定）Hardyの傳ののこりとepic dramaの
　　Prefaceをかく。江部先生に通信。
Hardy傳を午前中かく　午後散歩す　渡辺氏と共に八幡附近へ。相当に疲勞して居る
江部氏　今井氏　牛原虎生氏に手紙をかく　夜CrombilのHardy研究をするもかけつか
れたのでやめる　今日は淋しい一日であった　性欲の旺盛になって来た徴候だ。どうも仕
方がない　然し憂鬱と云ふ程迄の力はない　哀愁位いの所だ　今日は早く寝て明日は一日
蟄居して朝から懸命にやろふ。五時間勉強す。
（発信）今井恒郎。江部博史　（受信）牛原
婦人公論十二号を漫讀す。

十二月十七日　6.5――11
Crombil のHardyの序文をすむ　三頁ばかりかく。少しも気がのらぬ。馬鹿に自己否
定的の一日である。精力の過剰の結果だ　洗濯、散歩　風呂　夜少し机に向ふ　落着かぬ

哀愁を覚へる　五高時代によく経驗した心地だ。渡辺の所に邪魔とは思ひながら上がりこむ。勉強六時間也。

（受信）母上、郁子、（発信）郁子、

郁子のために「モンテクリスト伯爵」をもとめる　Preface と epic の Preface と Tess をかきあげる迄は郁子に出すまい　少しつかれ過ぎて居る様だ　二十三日に出す。神よ祈る自分のこの無闇に近い自己否定を救って戴きたい。

十二月十八日　6.5 ―― 1

一日雨。薄暗くて眼がつかれる。Heroic の心地は棄てて本当の Hero になれよ。午後渡辺来る　渡辺も野坂氏とかへる　その間にこちらは勉強だ。Hugh childe と Lionel Johnson をよむ　約八時間四十五頁　夜はする事もなく早く床に入る

（受信）ナシ　（発信）ナシ

十二月十九日、　6.5 ―― 8

恥《はずか》しい一日だ　これでは済むまい　一日偃臥　長谷から本をかって来てよむ。〈赤インクで書かれている〉

十二月二十日、
午前中Aber CrombieのDramatic Novelをよむ　午後午睡。
恥しき一日である　郁子さんから写真並《ならび》に手紙三通来る。返事一通

十二月二十一日
今日もDepressiveの一日。無為に送る　東京にかへらんと幾度か迷ふ。牛原虎生氏母上から通信あり。夜　鎌倉劇場に行く　帰途運命の偉大に躓く。午睡、明日から運命を知りながら与へられたるものの上に出来丈《できるだけ》の努力をして行《い》こふ。あゝ運命よこの弱き而も僭越の心を慰めて下さい。郁子さん。

十二月二十二日。　6.5

ありがたい。心が静かになった。これも運命に謝せよ。運命のもとの自己を敬虔の心地を以て信じて自己の行手《ゆくて》を開抗しなくてはならぬ　そうだ　開拓だ　地は与へられてあるのだ。地は与へられてあるのだ。ここにある。自己と云ふ汚いかもしれぬ痩せて居るかもしれぬが然してはより外に地はないのだ　お前の有する唯一の地だ。

The Mayor of Casterbridgeの梗概《こうがい》を九頁でかきあげる　渡辺帰り来る　午後同氏を訪ね風呂に入る。夜はアバクロンビーの「叙情体」を讀む。ありがたい一日であった　郁子さんから手紙来る。一向にHから通信が来ぬ。どうした事かと多少心配になる　多分大丈夫ではあろふと思ふが。

勉強約九時間である　明日はepic　forthを十五頁よみMayorの性格論をかきあげる。

（発信）広辻、道子、（受信）郁子、

十二月二十三日。　6.5 ―――― 11.5

HenChardの性格論をかきかけたがどうも思はしくない　二三頁書いたが放棄してTess, Jude, The return, のoutlineをかく　十一頁である　可成勉強した　約九時間半。

午後森戸神社の傍迄渡辺氏送って夜勉強出来る様だ　Hから通知来る　厚く運命に謝せよ。運命に従っての自己開展の努力。郁子さんに深かき有難き心を送る。送る。

（発信）H、

明日の予定はFar from Madding Crowdのoutlineとthe return, Farの論評である。つとめなくてはならぬ、つとめたと思ったら正月二三日東京にかへして下さる

二十四日、7 ―― 10

午前中Farの梗概をかく。午後風呂に入る　ありがたき一日である　謝す。夜Farの評論を考へたが纏まらぬ　昨夜の疲れであろふ。

（受信）母上、郁子、（発信）母上、郁子、

明日はepic forthをよみあげるぞ。これから四五日は郁子に手紙を出さぬ事とする　暫時勉強。机に向う　七時間中　本ものは五時間である

二十五日。　6 —— 9

Aber crombie の epic をよむ。約六時間二十五頁である　長谷へ渡辺と散歩。夜は早く床につく。大観一月号を漫讀す　松田氏の民衆、娯楽研究興味あり。今日はクリスマスである　来年の今は。どうであろふ。

（受信）高見満壽　（発信）千壽喜叔母、高見氏、

二十六日　7 ——

現実に即して現実に理想を幸福を努力を見出さなくては眞の人生とはいはれぬ。抽象的完全を求めるのは未だ未だ心驕ったものといはなくてはならぬ　真面目さたらぬものといはなくてはならぬ　この現実の相に■■してそこに如何に自己を発展せしめそれを運命の許す限りに於て改革し発展せしめ享受し行くのだ　これが貴くも有がたくも苦しくも与へられたる（神）からの私への贈である　ありがたく敬虔の心もておうけしなくてはならぬのだ　Know thyself である　然り己れを知れである　人生の妙諦この一句の中にある己れを知れとは運命を知る事である　敬虔の心になる事である。

馬鹿に晴朗の天気である　心が躍る。散歩にでかける　午前中は大町辺に　午後渡辺、田宮氏と逗子に散歩　田宮氏に写真を写して貰う　風呂に入る　夜は千珠院で遅く迄火鉢を囲んでかたる　酒が切りにのみたくなる　これを抑へる

二十七日　7 ―― 9.5
心落ち着かず一散を欲する　二三日帰京する事に決した。十時四分の汽車にかへる　餅つきにて■りてかはしき有様であった。かたる。番町連も来ている　来年の秋頃に弘雄も結婚に決したとの事である　大いに世話をしなくてはならぬ。
（受信）永田。

二十八日。8 ―― 8
一日無事　午後母と番町にいたる　夜はつかれているので早くねる。

二十九日。　7.5 ―― 11.5

東京でも余り牽《ひ》くものがない　郁子の手紙が机上に待って居る事であろふ　十時六分の汽車にてかへる。渡辺を訪ふ。風呂に入る　留守中に長谷川が来たと　惜しい事をした。一日エロチックの話をしてすごす。夜　中央公論をよむ。

三十日　8 ―― 11

今日は次第がない　返って明日　即大晦日から孟烈に勉強の出来る前兆であると思ふ。年賀状の残りをかく。郁子、姉、伊形氏、長谷川、母弘重（一通）兄姉（一通）、道、友、両方等である。郁子には原稿紙十枚ばかりになる。数日来の日記をかく。午後裏の山にて山火事がある　明日からうんと勉強する　神よ　自然よ　郁さんよ　守護して下さい。風呂に入る　中央公論をよみあげる　明日から正月の十三日迄丁度二週間　それこそ懸命の努力をなすべし　十四日にかへる　それにてよし　それ迄は渡辺とも可及的に交を断つべし。日に八時間以上は勉強すべし。

（起床六時半）

八時から三時迄勉強、六時から十時迄まで勉強合せて十時間也。

その後郁子にも成丈《なるだけ》手紙を出さぬ様にせよ。他へは勿論の事也。

大正十年度になすべき事。
正月　卒業論文提出、
二月　仏語並《ならび》に學科受験
　（中学免状　高等免状、渡辺応援）
三月、口答、卒業、結婚
　一家創設。
四月　明中就職。徴兵うける
仏語研究。Tess の翻訳。夏の旅行。
（その外　英文学の研究。）その外一般
精神的修養　娯楽としては書を稽古せよ。
一、勤勉。A. 學校（大學論文終了後）中学
　良心の許す時の外　休むべからず

B．午睡は可及的にせぬ事。

C．睡眠時間は八時間を最大限とする。

一、多方面に努力。一面的努力に限らぬ事

一、運命を痛感して努力する事。(敬虔)

一、自己並《ならび》に他の発展を計る事。下劣なる利己主義は斥《しりぞ》ける。(殊に肉身のものに対して)

一、絶対的禁酒(但し許す場合あり　良心の許す時也)

一、攝生、(肉躰《にくたい》的にも強くなくてはならぬ　運動、美食を斥へる。自瀆はこれを全然斥《ひか》へる)

一、純潔(郁子に対しての外　絶対的Pureなるべし)

一、物質的にも我が愛すべきものの為めに努力すべし。

一、朗らかに、自由に。変質的拘泥を斥へる

一、神をおそれ人をおそるるな。

一、七転八起　これ人生の妙諦である。

新年の中央公論をよむ。白鳥[38]の悪夢。犀星[39]のおれん、里見[40]の川波の音、芥川[41]の山鴫、菊[42]池の蘭学事始、宇野[43]或女の境涯、如是閑[44]の象やの粂さん。久米[45]の懶《ものう》い春等を讀む　皆仲々に達者である　久し振りによんだので面白く可成《かなり》身を入れてよむ　宇野浩二のが一番いゝ彼れとしては身のあるものだ。

38）正宗白鳥《まさむねはくちょう》：一八七九―一九六二、自然主義の小説家、劇作家、評論家。芸術院会員。日本ペンクラブ会長。文化勲章受章

39）室生犀星《むろうさいせい》：一八八九―一九六二、詩人、小説家。『抒情小曲集』にある「ふるさとは遠きにありて思ふもの」の詩句で知られる

40）里見敦《さとみとん》：一八八八―一九八三、小説家。有島武郎《ありしまたけお》、生馬《いくま》の弟。「白樺」の創刊に加わる。文化勲章受章

41）芥川龍之介：一八九二―一九二七、小説家、大正文壇の代表作家

42）菊池寛《かん》：一八八八―一九四八、小説家、劇作家。雑誌「文藝春秋」を創刊し、のち芥川賞、直木賞、菊池寛賞を創設。

43）宇野浩二：一八九一―一九六一。小説家。初期は軽妙な饒舌文体であったが、後年、読点を多用した余韻のある文体に変わる。

44）長谷川如是閑《にょぜかん》：一八七五―一九六九、ジャーナリスト、評論家。「大阪朝日新聞」の

コラム・論説・小説などで大正デモクラシー運動を先導。社会部長の時に全国中等学校優勝野球大会（現、全国高等学校野球選手権大会）を発足。文化勲章受章

45）久米正雄《くめまさお》：一八九一―一九五二、小説家、劇作家、俳人

三十一日　7――9.5

午前中は中央公論をよむ　雪である　積もる事約四寸である　今日は大晦日　二十六才との御分れの年である　無力　焦燥の年であった　過去に於て最も行き詰まれる年であった。独身生活の破綻を告げた一年であった　実に苦しい一年であった

午後は例の如く渡辺を訪ねてエロチックの話、自己否定　僅かに自分の淋しさ弱さを間《ま》ぎらす　来る年からは無益なるVisitは止めよ　快活なれ　生命力に汪溢せよ。

夜　床中にあって大観をよむ　年の瀬と云いながら感激もなし。

（一九二〇年終り）

一九二一、一、一、（起床）六、半、（就床）十一時
（快晴）後曇（勉強）九時間也
（二五七一、一、一、）（来訪）ナシ（往訪）ナシ
大正十年正月一日（受信）郁子（発信）郁子（端書と小包）

一九二一年を迎へる事になった。多少の感慨なきを得ぬ。この弱かった実《じつ》に弱かった自分も年と共に少しは強くなって来た。そして僭越極る野望を抱くにいたったが矢張り僕は遂に僕であった　一九二〇はいかに自分の腑甲斐《ふがい》なしかを痛切に実に痛切におしへてくれた貴い苦しい年であった。

去年位い暗澹たる行き詰った年は生まれて以来の事である。そしてこの年の自分への教訓は運命を知れ自分を知れと云ふ事であった。現実を自分を基礎とした努力。目的でなくては実に根もない、苦しい、僭越極まるものであると云ふ事を実によく教へてくれた時である。換言すればやる丈《だけ》やれ、自然はそれからの事は治めて下さると云ふ考へである　一九二一はこの考えを基礎として送りたいと思ふ。

石井さんの木魚の声でめがさめる　うつらうつらして半睡の中に小一時間も過ごす　昨日の飽食のために心地が苦しい《（ママ）》　頭が悪い　殊に落花生をくひ過ぎたものだから。それでも六時半に起きる。窓をあけ晴明の空気を充分に室内に入れる　掃除をする　着物をきか

へて小坪の大神宮の祠に雪を踏んで行く　そこから富士の高根《ママ》を眺めながら祈る。何を祈る事もなしに祈る。深呼吸を深く深くする　すがすがしい。

お雑煮を皆で食ふ　愉快である。八時半から一時半迄約五時間勉強epic forthとDramatic forthについてかく。つかれて来たので長谷の写真屋に明日あるかないかをたづねに行く。郁子から手紙来る　仲々に字がうまい　愛する者よ。端書と碧氏、瓊音氏の旅行記を二冊送る　独文の内田貢氏に話しかける途上で。気分がかるかったので。夜も勉強する　相当に勉強したと言っていい。溷濁《こんだく》した頭にしてはよく出来た。矢張り気分がfreshであるからであろふ。感謝すべき日である　十一頁かく。

二日、

（起床）六時　（就床）十〇
（天候）晴後曇　（気分）アシ
（来訪）ナシ　（往訪）ナシ
（受信）ナシ　（発信）弘雄
（睡眠）約七時間　（勉強）五時間半

朝風呂に入る。長谷にて郁子に送るための写真をとる　眼鏡を直す。午後睡眠不足の頭を無理に鞭打って勉強する。Dramatic Fictionを論ずる章をかく。

三日

（起床）七時　（就床）一〇
（天候）曇後雨　（気分）疲労
（来訪）渡辺　（往訪）ナシ
（受信）千壽喜叔母　（発信）ナシ
（睡眠）八時間半　（勉強）3.5

相当に疲れて居る　早いものだ　二三日も勉強するとすぐにつかれが来る　もっともっとエナージチックにならなくては大した事業も出来ぬ　尤も練習次第で幾分は躰も頭脳も強くする事が出来るものだからつとめて怠惰をさける様にしたい　Scott JamesのPessimism of Thomas Hardyをよむ　平易にかいてあって為めになった。午後渡辺来る風呂に共に入る。少し鼻風邪を牽きたる心地す。

四日

（起床）七時　（就床）十〇、半

（天候）曇　（気分）ヨシ。
（来訪）ナシ　（往訪）渡辺母
（受信）ナシ　（発信）ナシ
（睡眠）九時間　（勉強）八時間

勉強した。午後渡辺を訪ひ八幡宮へ参■す。夜も勉強す。The Mayor of Casterbridgeの評論をかく　十頁也。

五日

（起床）六、半　（就床）十〇、半
（天候）晴　（気分）ヨシ
（来訪）ナシ　（往訪）渡辺
（受信）ナシ　（発信）ナシ
（睡眠）八時間　（勉強）八時間

單調なれど緊張せる一日を送る　The returnとFar fromを書く。約十頁
午後洗濯す　渡辺と風呂に行く。海岸を散歩、風邪をひきたる如し　腰少し痛し　用心肝要也　肝要也。

郵便物少しも来らず稍《やや》淋し。

六日

(起床) 六半　(就床) 九
(天候) 晴　(気分) 風邪
(来訪) 渡辺　(往訪) ナシ
(受信) 郁子　邦彦　(発信) ナシ
(睡眠) 八　(勉強) 四、

風邪の気味也　午前中勉強　午後は用心して床につく　勉強の疲労もあるのであろふ。今は大切の時である　早く癒って勉強しなくてはならぬ。床中にあって色々思ひは未来の事に走る。Tessにとりかかる　約六頁かく。

七日

(起床) 六、半　(就床) 一時
(天候) 晴　(気分) ヨシ
(来訪) 弘雄　長谷川　(往訪) ナシ

江場　渡辺　東氏

（受信）六〇通　（発信）ナシ

（睡眠）九、半　（勉強）四、

午前中勉強　午後　江場、長谷川来訪。弘雄も来る　総て偶然である　共にかたる　それに渡辺氏も加へて。

夕食を停車場前の肉屋で済《すま》す。八時の汽車にて弘雄と江場かへる　夜おそく迄三人でかたる　面白い一日であった。一日の中に三人とも来てくれてありがたかった。別々に来てくれないで。長谷川は小坪寺にとまる。明日から亦《また》心をしめて勉強だ。十五日頃かへろふ。

八日

（起床）六、半　（就床）一〇、半

（天候）晴後曇　（気分）相当

（来訪）ナシ　（往訪）渡辺　東氏

（受信）郁子。弘雄。　（発信）森、伊藤、神代　郁子（二通）

伊形清一母　松宮、国松、小野、弘雄

（睡眠）五時間半　（勉強）約四（但し雑）

長谷川を逗子迄見送りに行く。全くの好天気である　昨日の眠不足《ねぶそく》もさまで障《さわ》はらない
渡辺　東氏。年賀状の返信その他の手紙をかく。名簿の整理もする。昨日肉を食ったので
からだが馬鹿に暖かくなって結構結構。肉の功を感じたる事蓋《けだ》し今度が一番だ。
小原から菓子をかって東氏への返訪をする。仲々の歓待だ　紀州蜜柑の馳走になる　渡
辺を誘って風呂に入る　郁子からほろりとさせる様な手紙が来る　実に無邪気なものだ
処女と云ふものは。この純なて女の将来に対してあく迄自分はいゝ夫でなくてはならぬ重
大の責任を感ずる。昨日の肉のお蔭で今日は馬鹿にからだが暖かで風邪もどこかにけしと
んだ様である。

九日

（起床）七　（就床）十〇
（天候）晴　寒し　（気分）普通
（来訪）渡辺　（往訪）ナシ
（受信）千壽喜叔母　（発信）ナシ
（睡眠）八、半　（勉強）八時間

勉強にとりかかるのが一寸苦痛であった。それでも十頁ばかりかく　Judeの性格論、

午後渡辺来る　共に散歩。

十日

（起床）七　（就床）一〇
（天候）晴　（気分）疲
（来訪）ナシ　（往訪）渡辺
（受信）郁子　広辻（小包）　（発信）郁子（小包）長谷川
（睡眠）九　（勉強）六

疲れて居る　しかしこれも仕方がない。相当に勉強する　TessとJudeの比較とJude論をかく。約六百頁である

郁から玄米志る古《しるこ》送り来る。広辻に煎餅を送る　渡辺を訪ふ。留守也　独り風呂に入る。創業の意気と云ふ題でメーフラワー号の歴史をかいて本に出して見たい　熱烈の意気をこめて。

十一日

（起床）七　（就床）十〇
（天候）晴　暖　（気分）不良
（来訪）ナシ　（往訪）渡辺
（受信）郁、貞、文　（発信）郁（写真も）
姉、今井恒郎
（睡眠）九　（勉強）四、

南風吹きつのって心地悪しき迄に暖かし。午前中勉強テス論をかく。野坂氏かへり来る　明日帰へらんと思ふ。渡辺氏を訪ふ。夜、写眞を長谷に取りに行く。九品寺、進藤を訪ふ。荷物をかたずく　約五十日間の小坪寺《しょうへいじ》生活の最後の日となる。

十二日

（起床）七　（就床）一〇
（天候）晴　（気分）不良
（来訪）ナシ　（往訪）渡辺、番町、守田
（受信）井田叔母　香河　（発信）石井氏、野坂

小田、井上、[redacted]山　進藤、東
少年、村井
（睡眠）九　（勉強）ナシ

途中渡辺氏を訪ふ。九時三十分の汽車でかへる　愈々大東京の喧噪中の人となった。倍舊の努力的生活に入らなくてはならぬ。髭を剃ったり風呂に入ったり荷物をかたづけたりする　明日から勉強　兎に角二十一日迄に訂正をやって二十八日頃迄かきあげたいと思ふ。午後重雄と番町にいたる　夜守田氏を訪ぬ　食堂にてかたる　同居の事式は家で會食は兄の所で。に決す。

十三日

（起床）七　（就床）一〇
（天候）晴　（気分）不良
（来訪）ナシ　（往訪）番町
（受信）友[redacted]氏、山川　（発信）長谷川、江場、郁、横山、浦野、山川
（睡眠）九　（勉強）ナシ

一日放棄か　是非もなし　静かに。
午前中、雑用。午後番町。辞書の製本。眼鏡、夜　雑談。平凡敗北の一日。平凡人の一日やがてこれを破らん。

十四日

（起床）七　（就）十二、半　二時間午睡
（天候）雨　（気分）不良
（来訪）ナシ　（往訪）ナシ
（受信）弘雄、郁　（発）郁、母、
（睡眠）九　（勉）三。

論文の訂正を少しする　頭が悪いので午睡　されど勉強出来ず　手紙をかいたり正月の新聞をよみて暮す　未だ時機が熟せざるにや勉強する気になれず。

十五日

（起）七　（就）十〇
（天）良　（気）不良

（来）ナシ　（往）ナシ
（受）百瀬　（発）ナシ
（睡）八、半　（勉強）ナシ
平凡の一日、活動など見て淋しき日を送る。明日からは少し出来相也《できそうなり》。

十六日

（起）六　（就）11
（天）晴　（気）普通
（来）渡辺　（往）ナシ
（受）野坂　（発）ナシ
（睡）八　（勉）6
勉強約六時間　結論をかく　但し不出来も甚し。ボール投をする　夜雑談　恥ぢよ怠惰者。

十七日

（起）七　（就）十半。

（天）曇　（気）普
（来）渡辺　（往）ナシ
（受）石井氏　（発）ナシ
（睡）八　（勉）七

午前中登校、雑務をはたす。午後から論文の証■をやる　渡辺氏来る

十八日

（起床）六　（就床）十、半
（天候）晴　（気分）良
（受信）郁（二通）直房　（発信）ナシ
（来訪）ナシ　（往訪）ナシ
（睡眠）七、半　（勉強）九

論文の訂正と登校して雑務をはたす。清野、原、江場に會ふ。午後風呂に行く。

十九日

（起床）六　（就床）一〇半、

（天候）晴後雨　（気分）良
（受信）浦野　（発信）ナシ
（来訪）ナシ　（往訪）番町
（睡）七、半　（勉）九

相当に勉強をなしたり。午後、番町に散歩　片々出かける。

二十日

（起床）七　（就床）九、半
（天候）良、暖　（気分）不良
（受信）郁、白石　（発信）郁、渡辺
（来訪）ナシ　（往訪）番町
（睡）八、半　（勉）３

平凡、特筆する事なし　神経質的拘泥性の自分を嘆かわしく思ふ。生命に溢れぬこの憐れなる自分に神よ幸をたれたまへ。許したまへ。

二十一日

（起床）六、半　（就床）一〇、
（天候）良　（気分）不良
（受信）ナシ　（発信）直房　白石
（来訪）ナシ　（往訪）ナシ
（睡）九　（勉）３半

平凡の日、特筆する事なし。　勉強身にのらず。

二十二日

（起床）六半　（就床）一
（天候）良　（気分）良
（受信）ナシ　（発信）ナシ
（来訪）ナシ　（往訪）渡辺
（睡）八、半　（勉）十二、半、

清書にかゝる　勉強せり。渡辺氏来訪共に散歩　市ケ谷見附に洋食を食ふ。

二十三日

（起床）七　（就床）十〇
（天候）良、　（気分）■
（受信）庸蔵　（発信）ナシ
（来訪）ナシ　（往訪）番町連
（睡）　六、　（勉）　六

勉強と番町連と遊ぶ外、他事なし。

二十四日

（起床）六　（就床）十二、半
（天候）良、　（気分）良
（受信）ナシ　（発信）ナシ
（来訪）ナシ　（往訪）ナシ
（睡）　八　（勉）　十二、

一日勉強。他事なし。

二十五日

（起床）七　（就床）十一
（天候）良、　（気分）良
（受信）ナシ　（発信）ナシ
（来訪）番町　（往訪）ナシ
（睡）　六、半　（勉）　六

稍《やや》疲労あり　午後番町から山王山方面に散歩。

二十六日

（起）七　（就）十半。
（天）良　（気）良
（来）ナシ　（往）ナシ
（受）ナシ　（発）ナシ
（睡）八　（勉）八

勉強と夜雑談、郁から手紙なし　淋し　されど心すがすがし。

二十七日　　(起) 七、半　　(就) 十一。
(天) 良　　(気) 不良
(受) ナシ　　(発) 郁　大橋留治
(受訪) ナシ　　(来) ナシ
(スイ) 九　　(勉) 七、

論文をかきあぐ　製本にたのむ　百三十三頁也。散歩と午睡二時間　夜製本屋。
愛する郁さん　郁さん。
愛する妻に手紙をかく　疲労と寒気を感ずる事甚し。よく勉強した　少しは自信もついた。Tessの翻訳は必ず実行せよ。神よ御礼申します　心すがすがし。

その後

その後、無事に東京帝国大学英文科を卒業し、日記にも記されている明治中学校（現、明治大学付属中野中学校・高等学校）に英語教諭として就職。松田郁子と東京で新婚生活を営んだが、一年後に職を辞し、四か月間、満州、朝鮮を旅行して、帰京後、鉄道省教習所教官になる。ほどなくしてかねてよりあこがれていた米国への洋行に旅立つ。帰国した直後、関東大震災がおこり、町内の人々を率いて安全な場所に避難させた。

そのありさまが頼もしく惚れ惚れしたと、私は祖母から聞いている。

その後、奉天中学校をはじめとして各地の中学校・高等女学校の教諭を務め、長女、長男、次女をもうけた。

昭和十三年に熊本県立図書館長に就任したが、第二次世界大戦の戦況が厳しくなり、蔵書の疎開を手配、その疎開当日の前夜に空襲に遭い蔵書八万冊を焼失させてしまった。その責任を取って辞職した。

その後、熊本語学専門学校（現、熊本学園大学）の教授に就任、熊本県生活協同組合連合会会長にも推された。

昭和二十二年に熊本市長選に無所属で立候補したが落選した。同時に開かれた参議院選挙で弟の弘雄が当選した。

昭和二十四年に病死。五十五歳であった。

本日記の八月十九日に自分の思想信条として「社会愛や他愛を自我意識の拡張であるべきであると云う個人主義的精神」と言っている。これが彼の一生を通じた信条になっていったと思う。


（編著者　森田裕が記す）

「大正十年九段野々宮にて写す。（廿七才ナリ）」（本人の添書き）

本人の添書きにある「野々宮」は、大正9年に写真家・野島康三が九段下に開設した写真館である。この写真は結婚直後と思われる

佐々家略系図

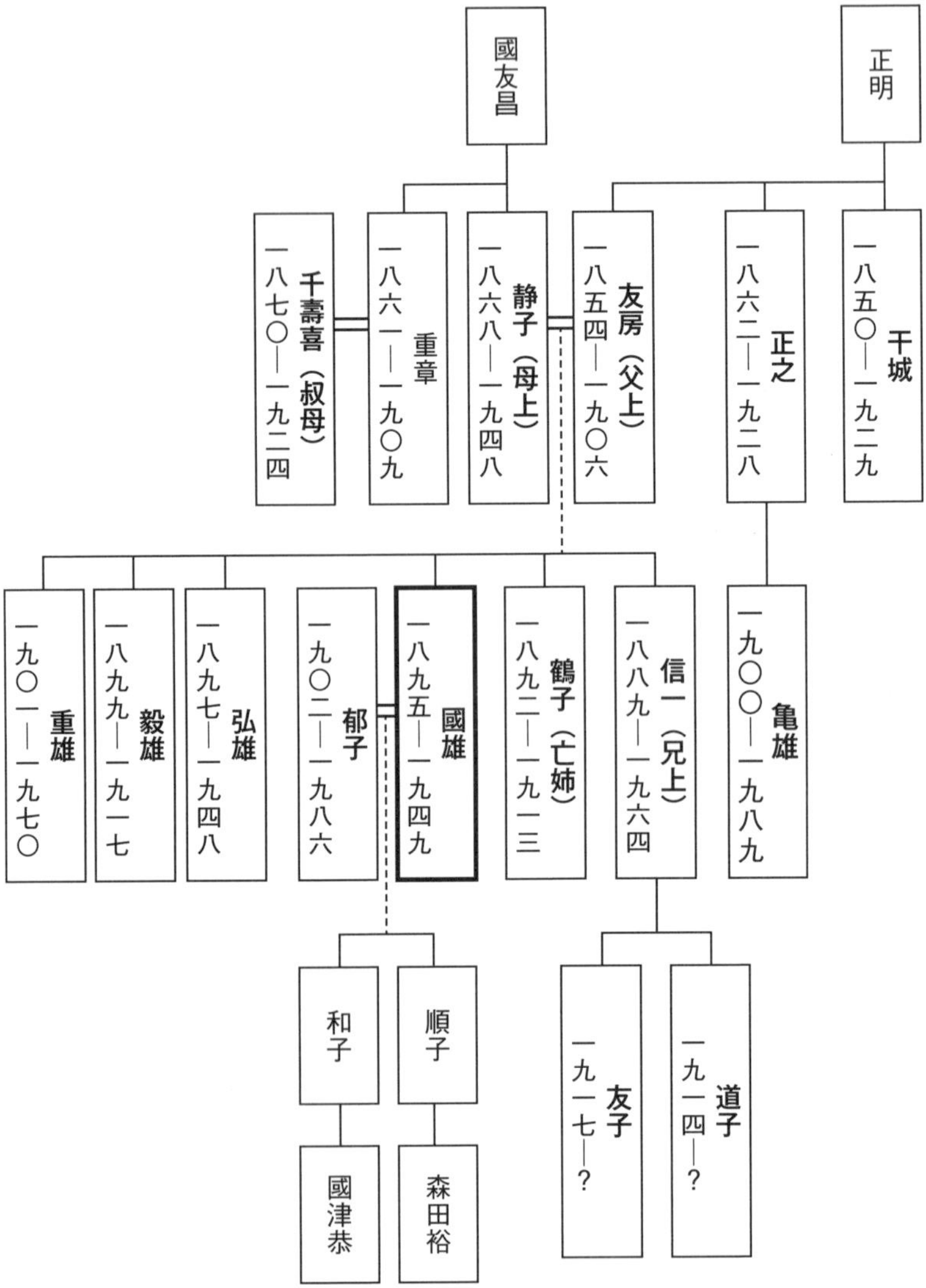

※本日記に登場する人物を**太字**で、日記での表記は（　）で示す
また、日記の発見者と編者の名も記し、その他の親族の名は割愛した

あとがき

一昨年、従弟の画家で華道家の國津恭氏が亡母の遺品を整理してこの「随想の記」を発見し、私に「どう処分したら良いか分からない」ということで送ってきた。

現物は劣化が進んで赤茶けてページもばらばらになっており、慎重に取り扱う必要があった。私は内容に興味を持ったのでＰＣに移し取ろうと試みた。それは変体仮名交じりの旧仮名遣いと漢字の旧字が、癖の強い崩し字でペンまたは毛筆で書かれていて、解読に難航した。初めは私の大学の同級生、汲田泉氏が俳句を趣味としているので、崩し字にも精通しているのではないかと考え手伝ってもらった。後に私も崩し字に慣れてきて独力で解読を進めたがどうしても解読できない個所があり、そこは■としてある。

私の母（國雄の長女）は、私が小学生の頃によく、「将来、ものを書く仕事についても困らないように、日記を書いて文章を書く練習をしなさい」と言っていた。これはこの「随想の記」の冒頭にある内容と同じである。また、「おじいさんは大変な勉強家だった。あなたも見習ってしっかり勉強しなさい」とも言っていた。これらのことから、母は「随想の記」の内容を知っていたに違いないと思う。

この日記の筆者である祖父は、社会と民衆を導くような人物にならねばならないとの思いを抱きながら、体内から湧き出てくる焦り、無力感と戦い苦悩していた。「何をしている。怠惰者め」と内なる声が襲ってくるたびに、「拮据《きっきょ》十年」という言葉を想起し心を落ち着かせた。漢和辞典によれば、拮据《きっきょ》とは手と口を動かして働くこととある。しかしこの日記での「拮据《きっきょ》十年」とは、十年間は焦らず地道に働いて家庭を持ちながら自己の研鑽と修養に努め、その後の発展を期す、という意味ではなかろうか。その青春の深い悩みが、将来、私の祖母となる郁子と出会うことで一掃され、ハッピーエンドを迎えるという、仕組まれたような構成になっているのがおもしろい。この日記に流れる一貫した主題は、「拮据《きっきょ》十年」であろう。

祖父は私が二歳の時に死去したので、私には記憶がない。私が熊本で誕生した時、祖父は異常なほどの喜びようであったと、両親から聞いている。その後、両親とともに私は東京に移り住んだ。小学五年生の夏休みに母に連れられて熊本県各地の親族を訪問し、本書に登場する人物の何人かに会っているがうっすらとした記憶しかない。記憶にはっきり残っているのは、一九八六年（昭和六十一年）に死去した祖母である。従弟、従妹らもはっきりとした記憶があるだろうが、その子供たちにはないはずだ。

この機会に祖父と祖母がどんな人でどのように知り合ったかを知ることは、彼らの遺伝子を受け継ぐ私たちにとって自分自身を知ることにもなると思う。

また、百余年前の大学教育、旅行の様子、東京、武蔵野、鎌倉、勝浦、戸隠、熊本、八代等の様子も興味深いものがある。

最後に、難読漢字、変体仮名の解読を助けて下さった汲田泉氏、本書の原本を発見していただいた國津恭氏に多大の感謝を申し上げる。國津氏には本書の装丁画にもご協力いただいた。また、出版に際していろいろ助言してくれた実弟森田厚氏にも深く感謝申し上げる。

本書に登場する佐々家の人々の生没年、姻戚関係等の情報は『佐々家覚え書』（『佐々家覚え書』刊行会事務局発行、平成元年初版）によるところが多い。覚え書の編集にあたった佐々家及び縁者の皆様に深く感謝する。

編著者　森田裕

編著者プロフィール

森田 裕（もりた ひろし）

昭和22年、熊本市で生まれる。現在、東京都在住。

京都大学大学院修了、農学博士。

民間企業で微生物による化粧品原料、食品保存料等の生産法の開発に従事。後に、食中毒菌検出用簡易培地の開発を通じて食品分析法の国際認証に関わり、それらについての論文発表は多数。

現在、一般社団法人AOAC日本理事。

趣味は、歴史散歩、山歩き、自然探索、外国語学習。これらの趣味は祖父からの遺伝なのかもしれない。

随想の記 佐々國雄日記

2024年12月15日　初版第１刷発行

編著者　森田 裕
発行者　瓜谷 綱延
発行所　株式会社文芸社
〒160-0022　東京都新宿区新宿1－10－1
電話　03-5369-3060（代表）
03-5369-2299（販売）

印刷所　株式会社エーヴィスシステムズ

ISBN978-4-286-25961-1